lehmanns media

ICHS - Praxis

Herausgegeben von

Hartmut Giest und Georg Rückriem

Band 4

ICHS PRAXIS

ICHS
PRAXIS

ICHS - Praxis

Herausgegeben von Hartmut Giest und Georg Rückriem

In den letzten Jahren nehmen erfreulicherweise Arbeiten von Autoren immer mehr zu, die über ihre praktischen Erfahrungen mit der Anwendung der theoretischen Konzeption der Kulturhistorischen Psychologie bzw. der Tätigkeitstheorie in zahlreichen gesellschaftlichen Praxisfeldern berichten. Im Praxisfeld Bildung betrifft dies unter anderem Texte zum Problem der Inklusion, der Gesundheitserziehung, der interkulturellen Erziehung oder der Arbeit in Kindergärten, in Grundschulen oder auch in der Erwachsenenbildung. Unter ihnen befinden sich auch Arbeiten, die sich ganz spezifischen, gesellschaftlich höchst bedeutsamen Problemstellungen widmen, wie beispielsweise der Arbeit mit autistischen Kindern bzw. mit Kindern, die von Trisomie 21 oder ADS/ADHS betroffen sind.

Alle diese Arbeiten sind schwerpunktmäßig nicht so sehr theoretischer Natur – wenn auch natürlich theoretisch orientiert – sondern eher repräsentative Beispiele für eine ebenso innovative wie anregende praktische Anwendung der Kulturhistorischen Theorie. Sie stellen alle bemerkenswerte Beispiele der so genannten ‚best practice' dar.

Um diesen Arbeiten ein angemessenes Forum der Präsentation und Diskussion zu eröffnen, wurde diese neue Reihe innerhalb der ICHS-Reihe eingerichtet und wir hoffen, dass sie ebenso positiv angenommen wird, wie die bisherigen Veröffentlichungen.

Christel Manske

Inklusives Lesenlernen für Kinder ab drei

mit Down-Syndrom, für Leseratten und Legastheniker

Mit einem Beitrag von Ludmilla Filipovna Obuchova

lehmanns media

Bibliografische Information der Deutschen Nationalbibliothek:
Die Deutsche Nationalbibliothek verzeichnet diese Publikation in der Deutschen Nationalbibliografie; detaillierte bibliografische Angaben sind im Internet unter >http://www.dnb.de< abrufbar

Bildnachweis: Abb. 5, 12, 13, 24, 25, 26, 33, 35, 37, 40, 48, 49, 52, 62, 66, 69: Dieter Pietsch, Uelzen. Alle anderen Fotos: Inga Böge, Frank Heinrich, Kerstin Grosskinsky, Christel Manske, Steffen Siegemund, Carsten Weißbach.
Ursprünglich 2004 im Beltz Verlag erschienen unter dem Titel „Entwicklungsorientierter Lese- und Schreibunterricht für alle Kinder"

Christel Manske
Inklusives Lesenlernen für Kinder ab drei

2., veränderte Auflage 2020

Helmholtzstr. 2-9
10587 Berlin
ISBN 978-3-96543-148-5

Druck und Bindung: Elanders • Waiblingen

www.lehmanns.de www.ich-sciences.de

Inhaltsverzeichnis

Anne-Marie gewidmet

Mein Dank gilt Stephan Palos, der mir Mut gemacht hat, dieses Buch zu schreiben und mir geholfen hat, von jedem Kind zu lernen. Ebenso möchte ich Ludmilla Obuchova danken, die mit mir die psychologischen Altersstufen erarbeitet hat, die für die Nicht-Lineare-Didaktik grundlegend sind. Mein Dank gilt auch Frank Heinrich und Carsten Weißbach für ihre liebevolle, engagierte Arbeit mit den Kindern. Außerdem möchte ich Steffen Siegemund danken, der das Buch Korrektur gelesen hat. Nicht zuletzt gilt mein Dank den Kindern, die alle meine Erwartungen übertroffen haben.

Vorwort

Die Nicht-Lineare-Didaktik versucht dem Weg der Menschwerdung aller Kinder gerecht zu werden. Dieser Weg ist nicht kleinschrittig linear. Die Entwicklung jedes Kindes erfolgt nach Vygotskij vielmehr in qualitativen Sprüngen von einer Entwicklungsstufe auf die nächsthöhere. Der Volksmund sagt zu Recht: »Hilf mir auf die Sprünge.« Früherkennung im Sinne der nicht linearen Didaktik bedeutet, dass die Lehrenden für die Schüler Schrittmacher von einer Entwicklungsstufe zur nächsthöheren Entwicklungsstufe sind. Früherkennung bedeutet nicht, zwischen »wertvollem« und »unwertem« Leben zu unterscheiden. Die Erwachsenen kommunizieren mit jedem Kind so, dass es sich stufenweise selbstbewusst entwickelt. Das gilt für Kinder mit Trisomie 21, für Kinder mit Autismus, für Kinder mit spastischen Lähmungen, für Taubblinde – für alle Kinder.

Einleitung

Es gibt keine behinderten Kinder. Kinder haben ein Recht auf bedingungslose Liebe. Es gibt die geliebten und die wenig geliebten Kinder, es gibt die verstandenen und die unverstandenen, es gibt die, die adäquat kommunizieren und es gibt die einsamen, es gibt die, die alle erdenkliche Zuwendung bekommen, damit sie lernen und sich entwickeln und es gibt die, die vom Lernen ausgeschlossen sind. Es gibt keine behinderten Kinder. Der Begriff ist so irreführend, wie es der Begriff Hexe war für eine ungewöhnliche Frau.

Ich hatte mit den Studenten und Studentinnen meines Seminars in Zürich die Gelegenheit an der Veranstaltung »Die Befreiung der Tiere« von Professor Singer teilzunehmen. Ein gut aussehender Mann Anfang vierzig betrat den Saal. Auf ihn warteten ungefähr tausend Veterinärstudenten und -studentinnen und eine Frau im Rollstuhl ohne Beine und Arme. Sie ist geschminkt und hat eine dunkelblaue Schleife im Haar. Ein junger Mann überreicht Professor Singer ein Beil. Sinngemäß sagt er: »Sie wollen unseren Tod – dann töten sie uns.« Die Frau mit der Schleife im Haar spricht ins Mikrofon. Während sie spricht wird das Schweigen im Saal immer eindringlicher. Die Studenten verließen mit mir still die Veranstaltung. Ein Student sagte: »Sie wollen leben.« Wir sind zu schwach, um das zu verstehen und die Stärke, das zu verstehen, gewinnen wir nur von ihnen. Stephan Palos sagte zu mir: »In der Natur gibt es keine Ungereimtheiten. Jedes Minus hat ein Superplus.« Wir rollen alle wie Sisyphos den Stein den Berg hinauf, um zu sehen, dass er oben angekommen wieder herunterfällt. Das macht keinen Unterschied ob wir Augen, Beine, Arme, Ohren haben oder nicht. Uns verbindet der Mut das Leben anzunehmen. Wir können uns Sisyphos, als einen glücklichen Menschen vorstellen. Der integrative Unterricht ist ein Versuch alle Kinder ohne Ausnahme anzuerkennen. Integrativer Unterricht wird aber nicht durch das Lernen am so genannten gemeinsamen Gegenstand verwirklicht, wie z.B. Brotbacken. Das Kind mit Trisomie 21 darf den Teig kneten, das taubblinde Kind schmeckt den Teig ab, das taube Kind deckt den Tisch, das Kind, das das Rezept lesen kann, gibt die Anweisungen. Jedes Kind soll das Gefühl bekommen, dass es in der Gruppe gebraucht wird. Das wussten die Sklaven auch schon, dass nicht einer allein eine Pyramide bauen kann.

Der gemeinsame Gegenstand bleibt den Kindern äußerlich, sie schaffen einsam ihren Beitrag. Das Arbeiten in der Zone der nächsten Entwicklung im Sinne Vygotskijs stellt die menschliche Kommunikation in den Mittelpunkt. Stephan Palos sagte zu mir: »In Tibet wird die menschliche Biografie in vier Stufen gesehen. Erstens die ›äußere Biografie‹ (Aussehen, Bildungsstand, Besitz), zweitens die ›innere Biografie‹

(Motive), drittens die ›geheime Biografie‹ (Tendenzen) und viertens die ›endgültige Biografie‹ (individuelles energetisches Muster).« Die Kommunikation sollte bei der geheimen Biografie der Kinder ansetzen, um das potenziell mögliche Zukünftige in Bewegung zu setzen und versuchen dies zur Sprache zu bringen. Alle Kinder ohne Ausnahme wollen und müssen wissen, was (Semantik), warum (Semiotik) und wozu (Pragmatik) gebacken wird. Erfahren sie diese wechselseitige Anerkennung nicht, erleben sie ihre einsamen Aktivitäten ohnmächtig und angstvoll. Die Taubblinden kommunizieren mit den Händen (Lormen), die Tauben mit den Augen (Gebärdensprache), die Sehend-hörenden mit den Ohren (Lautsprache). Die Verständigung untereinander konnte über die Schaffung unterschiedlicher Verständigungssysteme für diese Kinder erreicht werden.

Kinder, die aber als geistig behindert bezeichnet werden, wie z.B. die mit Trisomie 21, können hören, sprechen und sehen, ohne zu verstehen. Ihre leeren Blicke, ihre geöffneten stummen Lippen fordern uns auf, auch für sie ein Verständigungssystem zu entwickeln.

Mit Werkzeug und Material allein können Lehrer Kinder nicht veranlassen, geistige innere Handlungen zu entwickeln. In der Zone der nächsten Entwicklung orientieren sie sich am Lehrer, der mit ihnen Sinn und Bedeutung der gemeinsamen Tätigkeit teilt. Die Kinder erfahren das Brotbacken für sich als sinnvoll und sie erkennen die Bedeutung des Brotes für den Menschen.

Der gemeinsame Gegenstand aber ist nicht das Brot, sondern das *Motiv* zum Brotbacken. Dies ist die Kommunikation mit dem anderen Menschen bzw. der Aufbau einer menschlichen Beziehung.

Zusammenfassungen

Zusammenfassung

Kinder mit Trisomie 21 werden nicht geistig behindert, wenn wir mit ihnen im Alter von zwei bis fünf Jahren adäquat kommunizieren. Die Ursache der geistigen Behinderung ist meines Erachtens nicht in erster Linie Trisomie 21. Vielmehr ist es für die Kinder während der sensitiven Phase der Sprachentwicklung sehr schwierig auf Grund mangelnder Muskelpropriozeptoren die Zungen- und Lippenbewegung zu imitieren und laut zu sprechen. In unserer Arbeit mit elf Kindern entwickelten die Kinder alle ein der Lautsprache adäquates funktionelles System. Ab dem zweiten Lebensjahr lernen die Kinder mit Hilfe von Handgebärden zu kommunizieren und ab dem dritten Lebensjahr verständigen sie sich mit Hilfe eines speziell für sie entwickelten Leseunterrichts. Auf diese Weise konnten sie die mangelnden Muskelpropriozeptoren kompensieren. Auf der Grundlage der Krisentheorie L. Vygotskijs und P. Galperins Theorie des Aufbaus geistiger Handlungen haben wir ein mehrmals überprüftes neues pädagogisches Konzept entwickelt, das es den Kindern mit Trisomie 21 ermöglicht an einem integrativen entwicklungsorientierten Unterricht in der Regelschule sinnvoll teilzunehmen.

Summary

Children with Trisomy 21 do not become mentally handicapped if we communicate with them adequately between the ages of two and five. In my opinion the prime cause of the children's mental handicap is not Trisomy 21. The prime cause of the children's mental handicap is the fact that these children – due to a reduced amount of muscle proprioceptors – have difficulties to imitate lip- and tongue movements. To them it is more difficult to learn verbal language during the sensitive phase of language development. In our joint work with eleven children with Trisomy 21 all children proved that they were able to build up a functional system equivalent to the »speech« system. Children aged two learned to communicate with the use of hand signs and children from age three onwards communicated with the use of our development-orientated reading didactics, especially developed for their needs. Thus we could compensate the reduced amount of muscle proprioceptors. Taking as basis L. Vygotskij's developmental-psychological crisis theory and P. Galperin's theory on the formation of mental acts we have developed a new pedagogical concept that has been tested several times. By using these didactics children with Trisomy 21 might henceforth learn in regular schools in a meaningful integrative development-oriented teaching situation.

Resumen

Los niños con trisomía 21 no sufren un retardo mental si hay una comunicación adecuada con ellos a la edad de 2 a 5 años. La causa del retardo mental no radica, según mi opinión, en primer lugar en la trisomía 21. Más bien les resulta a los niños muy difícil, durante la fase sensitiva del desarrollo del lenguaje, tanto la imitación del movimiento de la lengua y de los labios como el hablar en voz alta, debido a la falta de proprioceptores musculares.En nuestro trabajo con once niños lograron todos los niños desarrollar un sistema funcional adecuado para el lenguaje hablado. A partir de los 2 años aprenden los niños a comunicarse mediante gestos con las manos y desde el tercer año se comunican entre ellos con ayuda de un aprendizaje de lectura desarrollado especialmente para ellos.De este modo pudieron compensar su falta de proprioceptores musculares. Sobre la base de la teoría de la crisis de L. Vigotsky y de la teoría de P. Galperin acerca de la formación de las acciones mentales hemos podido desarrollar un nuevo concepto pedagógico, ya varias veces probado con éxito. Este les permite a los niños con trisomía 21 participar provechosamente en una enseñanza integradora y orientada al desarrollo en la escuela normal.

Заключение

Дети с трисомией 21 не станут умственно-отсталыми, если нам удастая адекватно построуть с ними процесс общения в возрасте от 2 до 5 лет. Причиной умственного недоразвития является не столько трисомия 21, сколько недостаточность мускыльной проппиопеции, не позволяющей имитировать движения языка и губ, что делает более трудным для них усвоение вербальной речи в течение сензитивной фазы речевого развития. В нашей работе с 11 дельми удалось построить функциональную систему адекватную системе «громкой речи» у детей, начиная со второго года жизни при помощи жестов и, начиная с третьего года жизни, при помощи специально созданной дидактической системy обучения чтению. Таким образом у детей удается компенсировать слабость мускульной проприорецepции. На основе теории Л. Выготского о кризиасх психического развитая и теории П. Гальперина о формировании умственных действий построена и многократно апробирована новая педагогическая концепция, которая позволяет включить детей с трисомией 21 в интегрированные развивающие занятия в общеобразовательной школе.

Die epochale Frage

Paolo Freire ist der Überzeugung, dass jede Epoche ihre wesentliche Frage stellt. Für ihn war die wesentliche Frage die Beseitigung des Prinzips von gesellschaftlicher Herrschaft und Unterdrückung. Seine Pädagogik der Unterdrückten (Freire 1973) ist der Befreiung der Menschen von den gesellschaftlichen Bedingungen gewidmet, die die Menschen an ihrer Entwicklung hindern. Lesenlernen bedeutete für ihn Bewusstwerdung.

Vor dreißig Jahren war ich mit dem Problem konfrontiert, dass Kinder in der Schule scheitern. Ich entwickelte die Prinzipien des »Handelnden Unterrichts« (Mann 1994), in dem *alle* Kinder erfolgreich lernen können. Heute arbeite ich mit Kindern, die nicht nur in der Schule scheitern, sondern mit Kindern, deren Lebensrecht auf Grund ihrer genetischen Besonderheiten in Frage gestellt wird. Die Frage warum der Gott es zulässt, dass Kinder geboren werden, die nicht der Norm entsprechen, hatte mich schon während meiner Kindheit beunruhigt. »Hinter dem Zaun standen sie. Sie wurden abgeholt. Sie kamen nicht zurück.« »Lieber fünf gesunde als so eins.« Das waren die Sätze, die ich über diese Kinder gehört hatte. Als die Kinderlähmung in mein Dorf kam, hatte ich Angst auch mit einem Humpelbein in einer Klapperschiene herumlaufen zu müssen. Erst durch die Lektüre Vygotskijs über die frühkindliche Defektologie habe ich mich mit der Schöpfung versöhnt. Er schreibt: »Alle eindeutig psychologischen Besonderheiten des defektiven Kindes sind ihrer Grundlage nach nicht biologischer, sondern sozialer Natur. Möglicherweise ist die Zeit nicht mehr fern, da die Pädagogik es als peinlich empfinden wird, von einem defektiven Kind zu sprechen, weil das ein Hinweis darauf sein könnte, es handle sich um einen unüberwindbaren Mangel seiner Natur. ... In unseren Händen liegt es, so zu handeln, dass das gehörlose, das blinde, das schwachsinnige Kind nicht defekt ist. Dann wird auch das Wort selbst verschwinden, das wahrhafte Zeichen für unseren eigenen Defekt.« (Vygotskij 1975, S. 65–72).

Kein Kind ist ein Unfall der Schöpfung. Je unterschiedlicher wir sind, desto größer sollte unser Bemühen sein, aus den Differenzen zu lernen. Je größer die anerkannten Differenzen sind, umso höher muss das Niveau der Kommunikation gestaltet werden, um so größer sind die Entwicklungschancen für den Einzelnen. Nicht die Gleichheit ist unser Ziel, sondern die einzigartige Vielfalt ist erstrebenswert. Eine bunte Sommerwiese ist der Garten Eden, nicht nur Hundeblumen oder Gänseblümchen. Die menschliche Entwicklung in der einzigartigen Vielfalt wird uns nicht geschenkt. Sie ist uns aufgegeben.

Frühkindliche pränatale Diagnostik, pränataler Herztod durch Impfung, Abtreibung bis zum neunten Monat, Chromosomen-Tausch in vitro ist kein erstrebenswerter Umgang mit der einzigartigen Vielfalt. Selbst wenn es den Forschern gelingen sollte blonde, blauäugige, drei Meter große, lederzähe, stählerne, flinkfüßige Helden mit Fledermaus-Ohren, Schnüffelnase und Superhirn zu mixen. Entwickeln können diese sich auch nur als Lernende und Lehrende.

Meine Erfahrungen mit Lehrern aus Integrationsklassen haben gezeigt, dass sie auf die epochale Frage auch noch keine Antwort gefunden haben. Dieses Gespräch mit Lehrern von Integrationsklassen ist leider exemplarisch.

Lehrerin:	»Die Kinder können schon bis sechs zählen.«
C.M.:	»Prof. Talyzina sagte: 6-Tausend, 6-Zehner, 6-Einer. Das ist immer die 6. Wenn ein Kind Bauchschmerzen hat, dann nehmen Sie doch auch nicht das Küchenmesser. Den Blinddarm darf nur ein Chirurg entfernen. Ein Kind mit Trisomie 21 Mathematik zu lehren setzt mehr Erfahrung und Wissen voraus, als ein Chirurg für eine Blinddarmoperation benötigt.«
Lehrer:	»Aber die vier Grundrechenarten beherrscht doch jeder von uns.«
C.M.:	»Wie erklären Sie den Kindern, was die Eins ist?«
Lehrer:	»Die Eins ist die Eins.«
C.M.:	»Die Engländer sagen zur Brille *glasses*, was für sie die Zwei ist, das ist für uns die Eins.«
Schweigen	
Lehrer:	»Warum sitzen wir in Ihrer Praxis? Wir wissen nichts von funktionellen Hirnsystemen. Dass Kinder mit Trisomie 21 weniger Muskelpropriozeptoren haben, hören wir zum ersten Mal. Uns fehlt die Ausbildung. Wir benötigen Supervision. Wir benötigen Hilfe. Wir benötigen jemand, der unsere Fragen beantwortet. Morgen stehen wir wieder vor den Kindern. Wir wollen, dass sie lernen können, wenn wir nur wüssten wie.«

»Aber Liebesgefühl, das nicht von Erkenntnis erleuchtet ist, versperrt gerade die helfende Tat, zu der es sich doch aufmachen möchte.« (Bloch 1969)

Gemeinsames Lernen aller Kinder könnte in der Regelschule stattfinden. In einer Lernstunde muss es aber möglich sein, allen Kindern ihrer psychologischen Altersstufe entsprechend ein adäquates Lernangebot zu machen. Die entwicklungsorientierte Lesedidaktik soll ein Schritt in diese Richtung sein. Während meiner Hochschullehrertätigkeit in Magdeburg pflegte Professor Zimpel zu den Studenten zu sagen, dass die Medizin, die Physik, die Biologie, die Psychologie Hilfswissenschaften für die Pädagogik sind.

Wie können wir die einzigartige Vielfalt der Kinder kultivieren? Ich denke: Im Unterricht müssen Lehrerinnen und Lehrer diesen Kampf auf Leben und Tod in der Zone der nächsten Entwicklung aufheben, d.h. sie müssen ihn beenden, im Bewusstsein bewahren und auf ein höheres Niveau heben.

Lernen in der Zone der nächsten Entwicklung

Mit dem Begriff Zone der aktuellen Entwicklung bezeichnet Vygotskij alle Fähigkeiten, die das Kind ohne Hilfe eines Anderen beherrscht. Die Zone der nächsten Entwicklung bezeichnet alle Fähigkeiten, die das Kind sich mit Hilfe eines Anderen aneignen will und kann. Er schreibt: »Die Differenz zwischen dem Niveau, auf dem die Aufgaben unter Anleitung, unter Mithilfe der Erwachsenen gelöst werden, und dem Niveau, auf dem das Kind Aufgaben selbstständig löst, macht die Zone der nächsten Entwicklung aus.« (Vygotskij 1987, S. 300) Weiter schreibt er: »Die Zone der nächsten Entwicklung kann uns also helfen, das Morgen des Kindes, die Dynamik seiner Entwicklung zu bestimmen, nicht nur das in der Entwicklung Erreichte, sondern auch das in der Reifung Begriffene zu berücksichtigen.« (Ebd.)

Es geht ihm also darum, das Kind nicht danach zu beurteilen, was es äußerlich leistet, sondern dessen innere unsichtbare Bewegung, dessen Tendenzen wahrzunehmen.

»Ähnlich, wie ein Gärtner irrt, der die Qualität der Ernte nur nach der Anzahl der gereiften Früchte beurteilt und den Zustand jener Bäume unberücksichtigt lässt, die noch keine reifen Früchte tragen, ähnlich vermag ein Psychologe, der sich allein auf die Bestimmung dessen beschränkt, was ausgereift ist, während er das im Reifeprozess Befindliche außer Acht lässt, niemals eine einigermaßen wahrheitsgemäße und vollständige Vorstellung vom inneren Zustand der Gesamtentwicklung zu erhalten.« (Ebd., S. 80)

Damit sich aus den Blüten Früchte entwickeln, muss viel geschehen. Wind, Sonne, Regen, Mineralien und Bienen sind notwendig, Schädlinge und Krankheiten müssen abgewehrt werden. Der gute Gärtner muss gute Arbeit leisten.

Zum Lernen in der Zone der nächsten Entwicklung schreibt Vygotskij: »Ein Unterricht, der sich an den bereits abgeschlossenen Entwicklungszyklen orientiert, ist unter dem Aspekt der Gesamtentwicklung des Kindes uneffektiv, er zieht den Entwicklungsprozess nicht nach sich, sondern läuft ihm nach.« (Ebd., S. 302)

Nach der Lehre von der Zone der nächsten Entwicklung lässt sich eine Formel aufstellen, die der herkömmlichen Auffassung entgegengesetzt ist. Sie lautet: *»Nur der Unterricht ist gut, der der Entwicklung vorauseilt.«*

»Ein wesentliches Merkmal des Unterrichts ist die Tatsache, dass er die Zone der nächsten Entwicklung schafft, das heißt, durch ihn werden beim Kind viele innere Entwicklungsprozesse ins Leben gerufen und in Bewegung gebracht, die das Kind zunächst nur in der Wechselwirkung mit der Umgebung, nur in der Zusammenarbeit meistern kann, die aber eine innere Entwicklung erfahren und dann zum inneren Besitz des Kindes werden.« (Ebd., S. 303) So ist es zu verstehen, dass der Lehrer Schrittmacher von einer Entwicklungsstufe zur nächsthöheren ist.

Ein Lehrer, der die Entwicklung des Kindes »abwartet«, um dann einen seinem Entwicklungsstand entsprechenden Unterricht zu geben, verfehlt seine Aufgabe. Gerade Kinder mit isolierenden Bedingungen lechzen nach Unterricht in der Zone der nächsten Entwicklung, wie ein Verdurstender in der Wüste nach Wasser. So wie der Säugling nach der Mutterbrust verlangt – verlangt er nach Entwicklung, die m.E. nur dann gelingt, wenn das Kind mit Hilfe eines anderen das tun kann, zu dem es tendiert, aber alleine noch nicht kann. Alles andere wäre nicht Unterricht im Sinne eines an der Entwicklung des Kindes orientierten Unterrichts. Die Schulprobleme, die wir vorfinden, sind der Spiegel dafür, dass Unterricht zu selten stattfindet.

»Gewalttätige«, »depressive«, »verhaltensgestörte«, »gleichgültige«, »angstvolle«, »faule«, »aggressive«, »autoaggressive« usw. Kinder leiden daran, dass sie keine Hilfe bekommen auf dem Weg der Menschwerdung ihre Krisen zu meistern.

Auf einer Fortbildung sagte eine Lehrerin mit Tränen in den Augen: »Bei mir ist der Unterricht zusammengebrochen. Die Kinder rennen durch die Klasse, reden laut, machen was sie wollen. ...« Ich antwortete: »Den Kindern geht es nicht schlecht bei Ihnen. Aber wie geht es Ihnen?« Sie weinte bitterlich. Wir sprachen darüber, dass es richtig ist, die Kinder zu achten und dass sie am nächsten Tag die Kinder fragen könnte, wohin sie rennen, was sie suchen. »Dann gehen Sie spazieren, denken über das nach, was die Kinder zu Ihnen gesagt haben, schreiben es auf und tragen es den Kindern vor.« Eine Woche später sah ich, dass sie einige meiner Bücher gekauft hatte. Als ich in der Pause heimlich in den Büchern blätterte, bemerkte ich, dass sie so viele Sätze angestrichen hatte, dass nur ein paar Sätze, die sie nicht angestrichen hatte, übrig geblieben waren. Ich war gerührt und gab mir Mühe ihr gerecht zu werden und ihr einen guten Unterricht zu geben. Die Lehrer wissen, dass sie es sind, die scheitern. Sie brauchen Kollegen, die selbstbewusst das Scheitern des Unterrichts reflektieren und an die Stelle von Schuldgefühl und Scham Neugierde, Wissbegierde und pädagogischen Optimismus setzen. In dem Maße wie wir uns selbst achten, achten wir die Kinder, die unsere eigene Zukunft sind.

Ich war in Stuttgart zu einer Veranstaltung als Referentin eingeladen. Es ging um das Hochschulrahmengesetz. Meine Vorredner hielten die »Korrektivpädagogik« für den Stein der Weisen, und ich verließ desillusioniert die Veranstaltung. Es regnete – es war schon dunkel – ich wartete auf die Straßenbahn. Eine junge Frau rannte die letzten Meter mit der Bahn um die Wette. Ich sehe noch, wie ihr der Hut vom Kopf wehte. Ich hielt die Tür auf, in der Annahme, dass sie mit der Bahn fahren wollte. »Sind Sie Frau Manske?« »Ja.« Die Bahn fuhr ab. Sie hielt in der Hand das Buch »Die Kraft geht von den Kindern aus.« (Mann 1989) Sie sagte sinngemäß: »Ich war in der Psychiatrie. Ich konnte es in der Schule nicht aushalten, ich wollte nicht mehr. Mein Psychiater hat jeden Tag mit mir zusammen ein paar Seiten aus diesem Buch gelesen.« In dem Buch geht es um die Befreiung von der Lehrerrolle. »Dann haben wir darüber gesprochen und dann bin ich wieder gesund geworden. Ich gehe wieder in die Schule.« Die nächste Bahn kam. Das Geschehen spielt sich immer da ab, wo wir es nicht vermuten. Der Volksmund sagt: »Liebe kann Berge versetzen.« Die Kinder lernen die Liebe zur Kultur nur von einem kultivierten liebevollen Erwachsenen. In der Zone der nächsten Entwicklung geht es darum, was das Kind lernen könnte und darum, wie das Verhältnis zwischen dem Lehrer und dem Schüler beschaffen sein sollte. Ich habe mir Gedanken gemacht, welche Bedingungen notwendig sind, damit menschliches Wachstum gelingt.

In der Zone der nächsten Entwicklung ist die Lust geteilt

Bei meiner zweijährigen Schwester ging es um Leben und Tod. Sie konnte nicht essen. Meine Mutter versuchte es mit Brei, mit einem Stückchen Banane, mit Zwieback und Milch. Sie weinte. Mein Opa schmierte sich Leberwurst an ein Stück Brot, er gab ihr ein Stück Stuten mit der Leberwurst in ihre Hand. Er sang das lebensrettende Maurerlied: »Leberwurst, Leberwurst, Leberwurst mein Leben, Bier für'n Durst, Bier für'n Durst, Schöneres kann's nicht geben.« Er beißt in sein Brot. Dann macht er Patschhändchen mit ihr: »Leberwurst, Leberwurst, Leberwurst mein Leben. ...« Auf einmal ist es still – meine Schwester lutscht an dem Stutenstück und der Leberwurst. Als ein junger Mann den Dalai Lama fragte: »Was muss ich tun ...?« bekam er zur Antwort: »Be happy« (Sei glücklich). Der Ausgangspunkt der Zone der nächsten Entwicklung ist die gemeinsam geteilte Lust, ist der gemeinsam geteilte dunkle Drang, die Fülle, die uns umgibt, in gemeinsam geteilter staunender Bewunderung wahrzunehmen, zu gestalten und geistig zu durchdringen. Wir sind alle Kinder derselben Erde und desselben Himmels. In unseren Genen ist die Geschichte der menschlichen Metamorphose aufgehoben und schlummert bis zum Erwachen als gemeinsam geteiltes Empfinden und Wahrnehmen, als gemeinsam geteiltes Agieren mit Objekten, als gemeinsam geteiltes Spielen, als gemeinsam geteiltes Denken, als gemeinsam geteiltes Bewerten und als gemeinsam geteiltes Arbeiten. Liebe ist gemeinsam geteilte Lust. Mitleid ist Einsamkeit.

In der Zone der nächsten Entwicklung kann kein Kind scheitern

Sascha sollte ein Schiff in ein Punktequadrat übertragen. Die Testpsychologin unterbrach ihn: »Nein, guck noch einmal genau hin.« Sascha verließ den Raum und versteckte sich hinter dem Sofa. Ich sagte zu einem Kollegen: »Sascha hat eben ein Schiff gemalt mit einer Fahnenstange – die fehlte bei dem anderen Schiff, das er abzeichnen sollte. Jetzt muss er nur noch die Fahnen an seine Fahnenstange malen. Die Frau Psychologin hat das gar nicht gemerkt, dass bei der Vorlage die Fahnen fehlen.« Sascha setzt sich wieder an die Arbeit und vollendet seine Zeichnung. Er erklärt der Psychologin, dass bei der Vorlage die Fahnen fehlen. Sie sagt: »Jetzt sehe ich es auch.« Er sagt zu uns: »Ich finde mein Schiff schöner.«

Zur Zone der nächsten Entwicklung führt die Bereitschaft, den geraden Pfad zum Ziel zu verlassen

Manchmal ist der Umweg der kürzeste Weg. Eine Kinderärztin schickte mir die 14-jährige Theresa in die Praxis. Theresa malte seitenweise Grabplatten auf denen geschrieben stand: »Hier ruht Theresa.« Sie begrüßte mich mit dem Satz: »Ich rede nicht mit Psychologen. Die fragen einen doch nur aus.« Theresa nahm einen Computer und spielte ein Ratespiel. Zum Beispiel: Wie heißt der größte Wal? Was ist H_2O? Sie tippte die richtige oder falsche Antwort in den Computer. Das ging zwei Monate so. Mit mir sprach sie nicht. Ich stellte ihr eine Flasche Coca-Cola hin und legte eine Tafel Schokolade dazu: »Haben Sie das etwa für mich gekauft?« »Du hattest doch das letzte Mal zu mir gesagt, dass das Einzige, was dich interessieren würde, Coca-Cola und Schokolade sei.« »Ach ja, das stimmt sogar – da haben Sie ja mal ausnahmsweise Recht.« Ich nahm ein Blatt Papier und zeichnete ein Portrait von ihr. Wider Erwarten hielt sie ihren Kopf still. »Sie können damit auf der Straße Geld verdienen. Das können Sie aber gut. Darf ich das Bild mitnehmen?« Ich staunte selbst über meine Leistung. Es war ein gelungenes Portrait – als hätte mir ein Profi die Hand geführt. Ich gab ihr ein Blatt und sagte: »Und jetzt bist du an der Reihe.« Sie malte einen Kopf mit großen abstehenden Ohren, kleinen Augen und einer Rüsselnase, die ein erigiertes Glied darstellte (Abb. 1).

Abb. 1

»Wie heißt er?« »Franz.« »Wie lange macht er das schon mit dir?« »Zehn Jahre – ich war vier.« »Hast du es deiner Mutter gesagt?« »Nein – es weiß niemand – ich darf es niemandem sagen – er ist der Mann meiner Mutter.« »Du hast es ihm versprochen?« »Ja.« »Du hast dein Versprechen gehalten. Du hast ihn nur gezeichnet. Du hast mir verboten, dich zu fragen. Vielleicht möchtest du ein zweites Bild malen – ich meine, wonach sehnst du dich?« Sie malte ein Bild, das ihren Stiefvater vor Gericht zeigte. »Lebenslänglich«, sagte der Richter. Ich sagte: »Irgendjemand muss ihn anzeigen.« Sie nahm die Tafel Schokolade und das Bild. »Bis nächste Woche.« Sie zeigte ihn an. Es stellte sich heraus, dass er auch die drei kleinen Geschwister sexuell missbrauchte. Der Umweg war die symbolische Darstellung, die den Kreis Affekt, Symbol, Handeln und Denken schloss.

In der Zone der nächsten Entwicklung erkennt sich ein Mensch am anderen

Frau Herbst kam mit ihrem Mann zu mir in die Praxis, weil sie ihren vierten Schub hatte. Drei Mal war sie schon stationär gewesen. Er sagte: »Meine Frau war so ein hübsches Mädchen, sie hat mir am besten gefallen. Ich habe nur einen Wunsch, dass alles so wird wie früher. Das ging ja von einem Tag auf den anderen. Kein Arzt kann mir sagen, wie das passieren kann.« Sie unterbricht ihn: »Ich werde in die FDP zu den Freien Demokraten gehen und ich werde mich wählen lassen.« Die nächsten Male kam sie allein zu mir. Sie erzählte mir, was sie bewegte oder sie schrieb es auf und las mir vor. Sie malte sich als ein winziges Schneeglöckchen in die linke Ecke des Blattes. Sie assoziierte zu ihrem Bild: »Ja, was ist typisch an einem Schneeglöckchen – es kommt aus der kalten Erde – es ist umgeben von Eis und Kälte – nur der Schnee wärmt es – darum heißt es ja Schneeglöckchen.«

Bei Ronald Laing »Das geteilte Selbst« habe ich gelesen, dass es möglich ist, eine Psychose mit einem Satz zu heilen, wenn es der richtige Satz ist. Der richtige Satz, das ist meines Erachtens nach der Satz, der es einem Menschen in der Psychose erlaubt, sich wie in einem Spiegel reflektieren zu können. Eines Tages las ich in Ciompis »Affektlogik« (Ciompi 1994) eine Fallgeschichte, die Frau Herbsts Lebenserfahrung sehr nahe kam. Ich sagte zu ihr: »Diese Geschichte erinnert mich an Sie.« Als sie das nächste Mal bei mir auf dem Sofa saß, lächelte sie. Sie sagte sinngemäß: »Warum bin ich nicht selbst darauf gekommen – mein Mann hatte Angst, als ich mehr Geld verdiente als er – ich kann ja gar nicht so dumm gewesen sein – sonst hätten die mir doch nicht den Posten gegeben – aber ich musste aufhören – es gab nur Streit zu Hause – aber als ich aufgehört hatte, dann gab es noch mehr Streit – natürlich hatte ich immer Schuld.« Nachdem ich ihr eine Stunde zugehört hatte, sagte ich: »Sie haben eine höhere Schulbildung – Ihr Mann ist Arbeiter.« Sie unterbrach mich: »- und will jeden Tag sein Bier und Schweinebraten – und ich will – ich brauche Bücher – er will die Glotze.« Das nächste Mal, es war das vorletzte Mal, kam sie mit ihrem Mann zusammen. Ich fragte ihn: »Können Sie mit einer Frau leben, die andere geistige Interessen hat als Sie?« Tränen kamen in seine Augen: »Ich verstehe davon nichts. Ich freue mich, wenn ich nach Hause komme und sie hat gekocht – ich sehe gerne Sport – aber das Wichtigste ist doch – dass sie da nicht wieder hin muss – die haben gesagt – sie ist unheilbar – ich kann das nicht glauben – meine Frau – warum denn?« Sie nahm ihn in die Arme: »Ich bin doch nur manchmal verrückt.« Arm in Arm verließen sie die Praxis. Das letzte Mal kam sie allein. Wir sprachen über ihren Berufswunsch Altenpflegerin zu werden, und sie malte sich als rote Anemone, die das halbe Blatt ausfüllte. »Immerhin«, dachte ich.

Ich bin keine Tiefenpsychologin. Ihr Mann holte sie ab. In der Hand hielt er ein Tablett mit Sahnekuchen. Er küsste sie. Als ich nach einem halben Jahr anrief, sagte ihr Mann mir, dass sie die Ausbildung zur Altenpflegerin machen würde.

In der Zone der nächsten Entwicklung kommen die eigenen Gedanken zur Sprache

Jan arbeitet in der Werkstatt für Menschen mit geistiger Behinderung. Er lernt die Schreibschrift. Er hat sich einen Schreibtisch gekauft. Inzwischen hat er den Bogen raus. Er staunt selbst über seine Schönschreibhefte. »Frau Manske – Sie gucken mir in den Kopf – Sie wollen wissen, was in meinem Kopf ist – was ich wirklich denke – verstehen Sie, was ich meine, ich meine, dass ich meinen Satz, den ich zu Ihnen sage – ich drehe ihn nicht um – ich drehe ihn auf meiner Zunge nicht um.« »Deine Gedanken entstehen für dich erst im Kopf eines anderen, der sie mit dir teilt.« »Genau, das will ich sagen. Meine Mutter sagte immer – dein Kopf ist nur gut zum Haareschneiden – das hat mich ziemlich verletzt – aber das stimmt nicht – ich mache mir meine Gedanken – jeder Mensch macht sich Gedanken.« »Manchmal kommen die Gedanken auch von selbst.« »Wenn ich zu Hause bin, bei meinen Eltern, drehe ich die Sätze auf meiner Zunge um. Wenn ich dann wieder in mein Zimmer in der Wohngruppe gehe, stelle ich meine Ampel auf Rot. Das heißt, dass ich nicht gestört werden möchte. Ich stelle mich dann vor den Spiegel und lasse meine Gedanken raus. Ich schau mich erst einmal an: Du bist schön Jan – du bist klug – du bist gesund – du hast Arme und Beine – du kannst laufen – und du kannst schön schreiben – du kannst einfach alles.« »Du hörst dir selbst zu, du sprichst zu dir.« »Früher konnte ich das nicht, da habe ich mit meinen Füßen und Fäusten gesprochen.« Ich frage ihn: »Du?« »Ja, Frau Manske – doch, doch – ich konnte es nicht mit Worten sagen – das war so – doch, doch und dann wurde ich so lange kalt geduscht – bis ich mich beruhigt hatte – doch.« Ich sage zu ihm: »Du hast Recht, wir müssen aufhören, unsere Sätze auf der Zunge umzudrehen.« »Frau Manske, Sie gehen immer in meinem Tempo.«

In der Zone der nächsten Entwicklung gibt es weder das Gute noch das Böse

Hakan ist ein achtjähriger Junge. Er stand meistens allein auf dem Schulhof. Die Lehrer riefen mich an, dass ich als Therapeutin Einfluss auf sein Verhalten nehmen sollte. »Er stört, er zerstört, er ist gestört.«

Er malte Horrormonster mit spitzen Zähnen und viel Blut. Eines Tages sagte er: »Frau Manske, ich finde es auch nicht gut, aber mir gefällt Horror.« »Was ist für dich Horror?« »Menschen gegen die Wand klatschen bis das Blut fließt. Heben Sie die Hand und schwören, dass Sie meinem Vater von diesem Gespräch nichts sagen.« Ich sagte: »Ich verspreche es dir.« »Sie sollen schwören«. Ich sagte zu ihm: »Heute möchte ich dich bitten, drei Bäume zu zeichnen, ihnen einen Namen zu geben und ihnen zukommen zu lassen, was sie brauchen z.B. Wind, Wasser oder Sonne.« Er fertigte folgendes Bild an (Abb. 2, S. 22).

»Wer ist Mengele?«, fragte ich. Er sah mich mit unbewegtem Gesicht an: »Kennen Sie Mengele nicht?« »Ich kenne eine Sintiza, sie ist von Mengele in Auschwitz behandelt

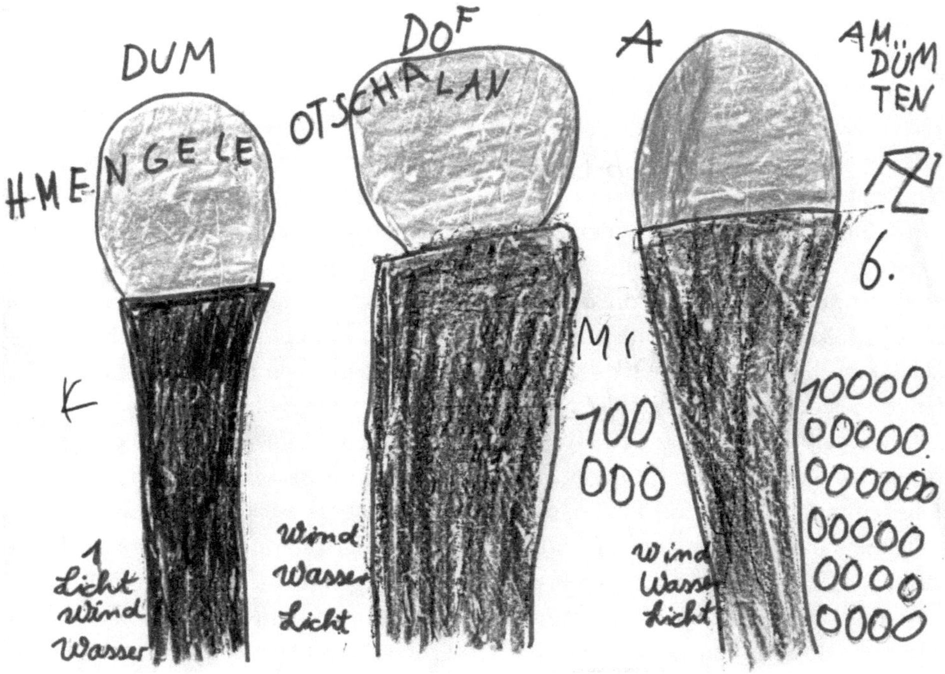

Abb. 2

worden. Ihre Zwillingsschwester starb in ihren Armen. Sie waren dreizehn Jahre alt. Warum denkst du, dass Mengele Adolf Hitlers und Öczalans Kind ist?« Er schwieg. Ich fuhr fort: »Vielleicht wollte Mengele es Adolf Hitler recht machen, meinst du das?« Er schwieg. »Mengele war auch ein achtjähriger Junge«. Er unterbrach mich: »Frau Manske, sagen Sie nicht zu mir, dass ich ein guter Junge bin.« »Die meisten Kinder sagen von sich, dass sie immer gut sind, sie wollen ihre Fehler nicht sehen. Du sagst immer, dass du nicht gut bist, du willst deine guten Seiten nicht sehen. Ich glaube, dass jedes Kind gute Seiten hat und schlechte. Du bist ehrlich.« Er unterbrach mich: »Bitte nicht, sprechen Sie nicht weiter, bitte.« Er nahm ein Blatt Papier und malte sich – eine Person, zusammengesetzt aus lauter Zombies (Abb. 3).

Abb. 3

Stephan Palos erklärte mir, dass es zwei Arten von Zombies gibt – *zombis cadavre* und *zombis astrale*. Die zombis cadavre sind gequälte gebrochene Menschen, sie haben keinen eigenen Willen. Als ich Herrn Palos die Zeichnungen zeigte, wurde sein Gesicht sehr ernst. Er sagte sinngemäß, dass es *das* Gute und *das* Böse nicht gibt. Ich versuchte mit Hakan darüber zu sprechen: »Wenn Adolf Hitler nicht regiert hätte, sondern ein Mensch, der eine große Liebe zu den Juden gehabt hätte, vielleicht wäre Mengele dann ein ganz anderer Arzt geworden. Was denkst du?« Er schwieg. Ich gab ihm Kärtchen, auf denen unterschiedliche Hände abgebildet sind. »Was macht die Hand?« Er antwortete: »Die schlägt zu.« »Und diese Hand?« »Frau Manske, der Rest macht nur Gutes«. Ich erklärte ihm: »Ich werde dich nie mehr so etwas fragen. Die Psychologen nennen das projektive Tests.« Später fragte er mich: »Kann ich in Ihrem Schreibtisch ein Fach für mich haben?« Er legte halbe Radiergummis, Bleistiftstummel, Filzstifte usw. in dieses Fach. Er malte für mich ein Bild mit einem »sehr alten, sehr kostbaren Kelch von 1215.«

Einmal weinte er: »Frau Manske, es muss doch irgendwo Eltern für mich geben. Es ist doch Ihr Beruf, für mich welche zu finden.« Ich wischte mit einem Frotteehandtuch seine Tränen vom Tisch. Hakan konnte und wollte weder gut noch böse sein. Es geht nicht darum, die zwei Seiten einer Medaille anzustarren, sondern sich das Geschehen bewusst zu machen, das durch die Polaritäten erst möglich wird. Der Strom des Lebens kann nur fließen, weil es zwei Pole gibt.

In der Zone der nächsten Entwicklung findet keine Selbstbeherrschung statt

Joseph ging ins vierte Schuljahr. Er war neun Jahre alt. Seine Lehrerin sagte zu mir: »Er darf kognitiv nicht gefördert werden. Er hat eine finstere Seele. Zurzeit soll er keinen Mathematikunterricht bekommen«.

Ich ließ mir von ihr erklären, was eine finstere Seele sei und entschied die sofortige Umschulung in das dritte Schuljahr einer Regelschule. Er konnte zu diesem Zeitpunkt z.B. folgende Aufgaben nicht rechnen: $8 + \_\_ = 10$; $\_\_ + 6 = 7$.

Er besucht jetzt das Gymnasium als guter Schüler. In seinem Zeugnis hat er keine 4. Da er in Mathematik drei Schuljahre nachholen musste, hatte er anfangs den Anschluss an das Klassenniveau nicht. In seinem Mathematikbuch strich er die Namen der Autoren durch: »Die Frauen müssten vergewaltigt werden, die Männer erschossen.« Er »hasste« Lisa, eine Klassenkameradin. »Ich habe das Klassenfoto von ihr aufgehängt und die Reißzwecken ins Auge gesteckt.« Ich sprach mit Stephan Palos über ihn. Er sagte sinngemäß: »Der Junge hat Kultur. Es gibt Indianerstämme, die verletzen ihre Feinde nicht wirklich, sondern symbolisieren den Vorgang. Er hätte das Mädchen, das ihm offensichtlich Angst macht, verletzen können, aber er führte eine symbolische Handlung aus.«

Ich sprach mit Joseph über das Gespräch, dass er in der Lage ist, Ängste zu kultivieren. Er hat das Gespräch nicht vergessen. Als er sich mit 14 den Film »Intimicy«

angesehen hatte, sagte er zu mir: »Frau Manske, das ist Kunst, das hat mit Pornografie nichts zu tun. Was haben Sie gegen Kultur, was macht eigentlich Herr Palos?«

Joseph isst für sein Leben gern Torte, aber er gibt jeden Pfennig für Bücher und Kassetten aus. Affekte wie Angst und Wut zu unterdrücken bringt uns nicht weiter. Sie beherrschen uns solange, bis uns jemand hilft, sie zu kultivieren. Dann entwickeln wir aus Angst Neugierde, aus Wut Tatkraft und aus Sexualität Liebe.

In der Zone der nächsten Entwicklung kommt der persönliche Sinn zur Bedeutung

Hans trägt eine Plakette gegen Ausländerfeindlichkeit. Er hat große Angst vor Skins. Er begrüßt mich im Unterricht : »Ich komm' von der Polizeistation 4. Ich bin ein Ufo. Glaubst du mir nicht? Ich bin ein anderer. Du hast gesagt, dass ich ein schöner Junge bin. Stimmt auch. Ich bin kein Türke. Ich habe mir den ganzen Bauch zerschnitten. Seh' ich wirklich aus wie ein Türke? Manche sagen das. Aber ich bin kein Türke. Gott sei Dank! Ich bin nämlich nicht von dieser Welt.« Ich antworte: »Doch, du bist von dieser Welt.« Er entgegnet: »Nein, das bin ich nicht. Ich bin nicht von dieser Welt. Möchtest du von dir sagen, dass du von dieser Welt bist? Von einer Welt, in der die Menschen die Kinder aus den armen Ländern verhungern lassen? Von einer Welt, in der Kinder ausgesetzt werden? In der Menschen Menschen töten? Von *der* Welt willst du sein? Nein, von *der* Welt bin ich nicht. Will ich auch nicht sein. Ich nicht!« Hans ist ganz rot im Gesicht geworden. Dann holt er sich das Rechenheft aus dem Schrank und rechnet Aufgaben, die aus Geheimzeichen bestehen, die nicht von dieser Welt sein sollen. Ich sage zu ihm: »Wir sind von dieser Welt, und wir müssen diese Welt verändern, damit kein Kind mehr verhungert.« Er steht auf und schreit mich an:»Wie denn?« Dann legt er die Kassette auf: »Lasst uns die Erde den Kindern übergeben, nur für einen einzigen Tag, dann wird die Erde die Freundschaft kennen lernen.« Der Text ist von Nazim Hikmeth, der 13 Jahre in der Türkei im Gefängnis saß.

Ich sage zu ihm: »Niemand weiß, woher wir kommen und wohin wir gehen.« Er strahlt mich an und sagt: »Frau Manske, jetzt sehen Sie wieder aus wie 17.« (Mann 1995, S. 15)

Lernen in der Zone der nächsten Entwicklung bedeutet, mit Neugierde durch das Chaos zu gehen

Im Winter saß ich mit sieben Jahren vor dem Fenster: »Haben die Engel die Eisblumen gemacht oder Gott selbst?« In der Schule lernte ich, dass wenn sich die warme Luft am Fenster abkühlt, sich Wasserdampf bildet und bei Null Grad Celsius gefriert. Meine Frage: »Und wer hat die Eisblumen gemacht?« blieb unbeantwortet. Vor einem Jahr stand ich vor der Pieta von Michelangelo. Die Liebe einer Mutter zu ihrem Sohn tritt aus dem Marmor hervor. Wer hat Michelangelos Hand geführt? Der Marmor – der Geist? Das Schöne entsteht unberechenbar. Das gilt auch für die Pädagogik.

Als ich zwei Tage an der Sonderschule am Heinrich-Braun-Weg unterrichtet hatte, brachte mir ein Kind einen Strauß Margeriten mit zur Schule. Während ich die Blumen in das Wasser stellte, erklärte ich den Kindern: »Margeriten sind meine Lieblingsblumen. Das war schon immer so.« »Komm«, rief ein Kind. Es lief zur Tür. Andere Kinder liefen hinterher. »Stopp! Hier bleiben! Nicht weglaufen!« Ich lief zur Tür und hielt sie fest zu. »Wo wollt ihr denn hin?« Die Kinder liefen zum Fenster, öffneten es und sprangen hinaus. Einige Kinder blieben in der Klasse. Was ist das für eine Schule, wo die Kinder im Unterricht aus der Tür laufen und aus dem Fenster springen? Ich war traurig, dass die Kinder nicht in der Klasse geblieben waren. Ich dachte: »Die Kinder kennen mich noch nicht, darum laufen sie davon.« Mit den zurückgebliebenen Kindern begann ich den Unterricht. Nach einer halben Stunde kamen die Kinder zurück. Jedes hielt einen Strauß Margeriten in der Hand. »Schau, wir wissen, wo die stehen!« Sie stellten die Sträuße in Tuschgläser. »Ihr seid also weggelaufen, um die Margeriten zu holen? Ich dachte schon ihr seid wegen mir weggelaufen.« »Ja, wegen Ihnen. Weil das Ihnen seine Lieblingsblumen sind!« (Mann 1989, S. 66)

Diese Erfahrung liegt ca. dreißig Jahre zurück. Ich hatte noch nichts von der Chaostheorie gehört.

Die Zone der nächsten Entwicklung ermöglicht den Sprung von einer psychologischen Entwicklungsstufe auf die nächsthöhere Stufe

Ich möchte dies bildhaft darstellen. Eleonore und Elvira hatten sich im Weißkohlfeld kennen gelernt. Eines Tages sagte Eleonore zu Elvira: »Wenn wir über die Straße gehen, kommen wir auf ein Rotkohlfeld. Lass uns gehen, bitte.« Sie krochen über die Straße. Sie waren froh, als sie heil auf der anderen Seite angekommen waren und dass kein Auto sie überfahren hatte. Eleonore fraß sich gleich durch die Rotkohlblätter. Elvira aber legte sich müde unter einen blühenden Apfelbaum. Sie sah einen zitronengelben Falter, der von einer Blüte zur anderen flog. Als der Falter sich zu ihr setzte, sagte sie: »Du hast Flügel.« Der Falter unterbrach sie: »Ich war eine Raupe wie du. Ich habe mich verpuppt.« »Wie hast du das gemacht?« fragte Elvira. Er antwortete: »Ich habe aufgehört Kohl zu fressen und dann habe ich mich still hingelegt und dann sind mir Flügel gewachsen.« Dann fügte er noch hinzu: »Du bist auch ein Schmetterling.« Dann flog der Falter davon. Elvira schloss die Augen und als Eleonore ihr ein Stück vom Rotkohlblatt hinlegte, tat sie so, als ob sie schliefe. Sie rührte sich auch am zweiten Tag nicht und auch nicht am dritten Tag. Als der zitronengelbe Falter sah, dass Eleonore weinte, weil sie dachte, dass sie ihre beste Freundin verloren hatte, setzte er sich zu ihr ins Gras: »Hör auf zu weinen, deiner Freundin wachsen Flügel – sie hat aufgehört Kohl zu fressen. Wenn sie aufwacht, trinkt sie nur noch Blütennektar.« Obwohl Eleonore es nicht glauben konnte, was der Falter gesagt hatte, kroch sie den Baum hoch, biss eine Blüte ab und legte sie Elvira hin. Am nächsten Morgen traute sie ihren Augen nicht. Elvira saß da mit wunderschönen weißen Flügeln und trank aus der Blüte, die sie für sie abgebissen hatte. Dann hörte sie sich selbst sprechen: »Ich will wie du nie mehr Kohl fressen – weder Weißkohl noch Rotkohl – ich will nie mehr auf der Erde kriechen – ich will fliegen.« Elvira war eine gute Freundin. Sie wartete bis Eleonore Flügel gewachsen waren. Endlich war es so weit. Eleonore erwachte als Schmetterling: »Du siehst ganz anders aus als ich. Du hast ja blaue Flügel«, sagte Elvira begeistert. Eleonore sagte: »Lass uns fliegen.« Elvira entgegnete ihr: »Von oben sieht die Welt ganz anders aus.« Sie flogen in Richtung Himmel. Elvira rief: »Deine Flügel sind blau wie der Himmel.« Und Eleonore rief zurück: »Und deine sind weiß wie die Wolken.«

Kinder, die in meiner Praxis lernen

Josefine

Frau Lünstedt wollte, dass ihre zweijährige Tochter sprechen lernt. »Das Schlimmste war die Herzoperation – ein ganzes Jahr warten und mit der Angst leben.«

Josefine sitzt auf dem Teppich. Krabbeln kann sie. Ein Bein zieht sie noch nach. Frau Lünstedt zeigt mir die Handzeichen für Essen und Trinken. Josefine versteht sie. Frau Lünstedt zeigt mir ein Buch: »Hier in diesem Buch ›Schau doch meine Hände an‹ (Verband evangelischer Einrichtungen [Hrsg.] 1995) sind weitere Gebärden.« Ich sage: »Mit den Handzeichen zu beginnen, ist bestimmt richtig. Kinder mit Trisomie 21 haben weniger Muskelpropriozeptoren, daher fällt ihnen die gesteuerte Lippen- und Zungenbewegung besonders schwer. Die Nachahmung mit den Händen fällt ihnen leichter. Außerdem bringt die gezielte und angespannte Handbewegung eine gezielte und angespannte Lippenbewegung hervor.«

Ich hole ein altes Telefonbuch und reiße einen Stoß Seiten heraus. Zuerst reiße ich ein Blatt ein und gebe Josefine das Blatt in die Hand. Zuerst ziehe ich und dann zieht sie auch. Das Blatt ist durchgerissen. Immer, wenn sie am Blatt zieht, bewegt sie Zunge und Lippen.

»Sie sollten jeden Tag drei Stunden mit ihr üben.« »Das ist zu schaffen.«

Als Josefine die nächste Woche kommt, erzählt Frau Lünstedt, dass sie Berge von Blättern zerrissen haben. Josefine kann nun schon ohne Hilfe Karteikarten auseinander reißen. Sie presst die Lippen aufeinander, beißt die Zähnchen zusammen und spannt die Lippen so an, dass die Ohren Besuch bekommen – geschafft. Sie staunt. Zur Abwechslung habe ich eine Gliederkette aus Plastik gekauft, die Josefine zuerst auseinanderzureißen und dann wieder zusammenzustecken lernt. Das ist Schwerstarbeit.

Nach einem halben Jahr flitzt Josefine auf zwei Beinen durch die Praxis. Sie hat viel gelernt. Sie kann mit Duplo bauen. Sie kann Ballspielen, fangen und werfen. Sie kann einfache Puzzles legen, geometrische Formen in eine Lochdose werfen, sie kann die Schuhe selbst ausziehen. Sie beherrscht ungefähr dreißig Handzeichen, z.B. Apfel, Keks, Brot, Flasche, Hund, Giraffe, Papa und Mama, Buch, rutschen, schaukeln, fahren, kalt, warm usw. (Abb. 4, S. 28).

Frau Lünstedt hat zu Hause mit ihr mit Hilfe der sinngebenden Lauttafeln (Mann 1991) Handzeichen für die Buchstaben eingeübt. Eines Tages, Josefine ist jetzt drei Jahre alt, beobachte ich sie, wie sie für sich allein vor dem Korb mit den Holzbuchstaben sitzt, einen Buchstaben nach dem anderen herausnimmt und ihn lautsprachlich

Abb. 4 »trinken«

mit dem Handzeichen benennt. Sie hält das N in der Hand und spricht zu sich: »N – wie Mama, nein, nein, ...« Sie schüttelt den Kopf und legt den Finger an die Nase: »N – wie Nase«. Josefine kontrolliert mit Hilfe der Handzeichen ihre Lautsprache.

Die Mutter erzählt uns folgendes Erlebnis, das sie mit Josefine hatte. Sie fuhr Josefine in der Karre den Fahrradweg entlang. Josefine schüttelte heftig den Kopf, machte ein Zeichen: »Nein, nein«, dann machte sie das Handzeichen für das Fahrradfahren. Die Mutter verstand sie und fuhr die Karre auf den Fußweg. Josefine lachte. Sie hat, dass beweist dieses Erlebnis, ein Bewusstsein für Regeln.

Josefine spielte mit Vorliebe »Verstecken« und »Suchen«. Solche Spiele sind notwendig, um ihr Gedächtnis auszubilden. Wir spielten z.B. das Geisterspiel. Wir hängten uns ein weißes Laken über den Kopf und riefen: »Uuu, Uuu, Uuu«. Die äußere Welt verschwindet. Sie hält sie aber in ihrem Kopf fest und so übersteht sie das Dunkel. Sie strahlt, dass sie alles, was für einen kurzen Augenblick verschwunden schien, wieder findet, wenn sie ihr oder mein Tuch entfernt. Als ich wieder einmal das Geisterspiel mit ihr spielen wollte, legte sie das Geistertuch als Tischdecke auf den Boden und sagte: »Picknick spielen.« Ein inneres Verlangen drängt sie mehr zu sein, als sie sein kann. Sie bildet Mythen. Sie ist »erwachsen«. Sie sagt: »Ich bin Mama, du bist das Baby.« Indem sie die Dinge so umbenennt, wie sie ihrem Verlangen entsprechen, schafft sie sich ihre eigene Welt. Die Symbolbildung schafft Befriedigung. Sie nimmt die Knete und sagt: »Das ist der Kuchen.« Sie nimmt das Wasser und sagt: »Das ist der Tee.« Sie setzt sich eine Brille auf und ist Lehrerin, sie setzt sich auf einen Stuhl und konstruiert sich auf diese Weise ein Pferd oder sie benutzt einen Bleistift als Fieberthermometer und ist Ärztin.

Als Josefine vier Jahre alt ist, ist sie nicht mehr das brave Kind, das mit mir Buchstaben lernen will, sondern sie bestimmt das Geschehen. Wenn ich mit ihr Buchstaben wiederholen will, schüttelt sie mit dem Kopf. Josefine ist nicht mehr an der gemeinsam geteilten Tätigkeit mit Gegenständen interessiert. Zum Beispiel eine Kerze ausblasen und »Fff« sagen, einen Schlauch aufpumpen und »Fff« sagen. Sie ist auf der Stufe des Rollenspiels, der symbolischen Aktion. Frau Lünstedt hat Wortkarten angefertigt und dazu entsprechende Bildkarten. Josefine soll die Wortkarten auf die Bildkarten legen, z.B. Mama auf das Foto von Mama. Sie hat überhaupt keine Lust. Ich spiele jetzt mit ihr Post. Die Lego-Eisenbahn bringt den Brief zu Mama. Jetzt sitzt Josefine mit freudiger Erwartung neben der Bahn. Sie ist der Briefträger. Sie nimmt die Wortkarte und legt sie auf das entsprechende Bild. Vor ihr liegen Wortkarten wie z.B. Hund, Katze, Fuß, Mama, Papa, Haus usw. Ich halte die Wortkarte hoch: »Briefträger, wer bekommt die Post?« Josefine vergleicht die Wortkarte mit den Bildkarten, auf denen ebenfalls das Wort steht und ruft: »Der Fuß kriegt den Brief«.

Eines Tages wollte ich einem Filmteam zeigen, dass Josefine die Buchstaben schon kennt. Ich zeige ihr das S: »Wie heißt der Buchstabe?« Sie schmeißt den Buchstaben in den Korb zurück. Sie beginnt zu suchen: »Die Biene. Ich will Ssss spielen«. Sie findet die Biene. Die Biene sticht mich. Ich soll »Au« sagen und weinen: »Nnnnn«. Dann pustet sie: »Hhhhhh«. Das Spiel wiederholt sie mit dem gesamten Team.

Mit fünf Jahren wurde Josefine in meine Praxis, als »Vorschulkind eingeschult«, zusammen mit Timo und Marvin. Alle drei hatten einen kleinen Ranzen und eine Federtasche bekommen. Als Überraschung schenkte ich ihnen eine kleine Schultüte. Nun war Josefine gegenüber Ihrer jüngeren Schwester, die einen Kopf größer war als sie, die Große. Die »Schülerrolle« spornte sie an zu malen, zu lesen, zu schreiben, zu rechnen und regelrecht zu sprechen.

Sie sitzt unter dem Tannenbaum in meiner Praxis und singt aus voller Kehle: »Oh, Annanbaum, oh, Annanbaum, oh, oh, oh Bätter.« Ich buchstabiere mit ihr das Wort und schreibe es auf ein Blatt Papier. Zu jedem Buchstaben machen wir das Handzeichen und sprechen den entsprechenden Laut: »T-A-N-N-E-N-B-A-U-M.« Sie singt: »Oh, T a n n e n b a u m, oh, T a n n e n b a u m.« Dies Beispiel überzeugte mich davon, dass die Lautsprache bei Josefine durch die Schriftsprache aufgebaut wird und dass sie offensichtlich deswegen so gut spricht und die Lautsprache so differenziert hören kann, weil sie die einzelnen Laute schon mit drei Jahren geübt hat.

Zurzeit sagt sie: »Ich mache am liebsten Mathe.« Sie lernt die Klassifikation und die Eins-zu-Eins-Korrespondenz. Ich hatte auf dem Teppich Blumen, verschiedene Obstsorten, unterschiedliche Puppen, Fahrzeuge und Tiere verteilt (Abb. 5, S. 30). Sie sollte alles sortieren. Die Fahrzeuge kamen in die Garage, die Blumen in die Vase, die Möbel in das Puppenhaus, die Tiere in den Zoo, die Menschen ins Schwimmbad. Dann gab ich ihr Bildkarten, und sie sollte nun die Karten den Gegenständen zuordnen. Sie hielt die Bildkarte mit dem Zebra in der Hand: »Gibt kein Zebra, gibt nicht.« Sie schaut in die Runde. Ich sage: »Da gibt es Fahrzeuge, Menschen, Obst, Blumen, Möbel und Tiere.« Sie legt die Karte ab: »Zebra ist auch ein Tier.«

Die Arbeit mit Josefine war Pionierarbeit. Sie war das erste Kind mit Trisomie 21 in meiner Praxis. Wenn sie die Treppe hochkam, hörte ich zuerst: »Ksss Ksss«, später: »Kiste Manste« und nun sagt sie: »Christel Manske malen. Mama, und du gehst Kaffee trinken.« Bevor ich Josefine kennen lernte, war ich wider besseren Wissens sicher, dass Kinder mit Trisomie 21 von Geburt an geistig behindert sind. Josefine ist bildhübsch, blitzgescheit, flink wie ein Wiesel und sie will lernen. Sie ist immer in Bewegung, innerlich und äußerlich. Mit zwei Jahren hat sie begonnen mit ihrer Mutter jeden Tag zu »arbeiten«. Dabei hat sie ihr Gehirn aufgebaut. Das ist heute ihre Basis, um ihre eigenen Schwächen wahrnehmen und bezeichnen zu können.

Abb. 5

Josefine lag mit fünf Jahren mit geschwollenen Armen wegen einer Allergie im Bett. Als die Mutter sie trösten wollte, sagte sie: »Ich kann nicht hinken mit einem Bein wie die andern Kinder.« Sie sprach nicht von ihren Schmerzen in den Armen. Sie sprach von ihrer isolierenden Bedingung, nicht über so viele Muskelpropriozeptoren zu verfügen wie ihre kleine Schwester. Heute hat sie zum ersten Mal ein Wort allein geschrieben: »Kleines Gespenst«. Sie geht als Integrationskind in die Regelschule und liest in der FU-Fibel wie die anderen Kinder ihrer Klasse.

Sie fragte mich: »Warum kann ich nicht so gut malen wie Antonia?« Ich antwortete: »Du hast weniger Muskeln. Daher musst du mehr üben.« Sie strahlte: »Üben – das kann ich.«

Marvin

Als Marvin zu mir kam, war er vier Jahre alt. Er konnte geschickt und ausdauernd mit Duplo-Steinen Türme bauen. Da er von selbst keinen Blickkontakt aufnahm, musste ich ihn dazu veranlassen. Wenn ich z.B. mit ihm einen Turm baute, nahm ich die Duplo-Steine so, dass er sie mit den Augen suchen musste.

Bald hielt ich sie in meine Augenhöhe. Wenn er einen Stein nahm, schauten wir uns kurz an. Ich erklärte Frau Böge, dass es wichtig sei, dass sie alle Gegenstände, die sie ihm geben will, das Spielzeug, das Essen, die Kleidung usw. immer in Augenhöhe halten soll, damit er lernt sie anzuschauen. Marvin sprach lautsprachlich nicht. Seine Mutter übte mit ihm die Handzeichen für essen, trinken, Keks und Brot.

Eines Tages versuchte ich es, mit ihm zu kommunizieren. Ich machte immer und immer wieder das Handzeichen für Brot. Ich wusste, dass er in seiner Brotschachtel zwei Scheiben Brot hatte. Dann machte ich die Gebärde für essen und zeigte auf mich. Mein Satz hieß also: »Brot essen ich«. Marvin sah mir eine Weile zu. Dann rannte er zu seinem Rucksack, nahm die Brotdose heraus und gab mir ein Stück Brot. Ich machte schnell das Handzeichen für trinken und holte für mich eine Tasse mit Wasser. Er nahm daraufhin seine Trinkflasche aus dem Rucksack. Das war unsere erste Kommunikation mit Handzeichen. Marvin hatte mich verstanden. Ich war glücklich und Marvin ließ mich, während er aß, nicht aus seinen Augen.

Zu Hause fertigten seine Eltern mit ihm sein erstes Lesebuch mit den sinngebenden Lauten an. Selbst die Laute, die im Rollenspiel entstanden waren, wie z.B. »W – der Wind weht Marvin den Hut vom Kopf«, konnte er lesen. Er schaute das Foto an, machte das Handzeichen für den Wind und lautierte den Buchstaben W.

Er kannte zwanzig Buchstaben und konnte sie lautieren. Zu der Zeit konnte er kein einziges Wort sprechen, auch nicht Mama und Papa. Er konnte aber laut und deutlich »m« und »a« und »p« sagen und mit den Handzeichen begleiten. Zuerst lernte er das Zusammenziehen der Laute »m« und »a« als fließende Bewegung mit den Händen. Die sehr mühsam auch die fließende Lippenbewegung »ma« aufbaute. Jetzt ist er in der Lage mit Hilfe der Handzeichen auch lautsprachlich Silben aufzubauen. Marvin griff nach einem Plastikberliner, der, als er in ihn reinbeißen wollte, zu sprechen begann: »Ich bin ein Berliner.« Er legte den Berliner auf das Blatt und umrandete ihn mit einem Bleistift. Dann malte er ihn an und schnitt ihn mit mir zusammen aus. Ich schrieb dazu die Silben »Ber-li-ner«. Mit Hilfe der Schrift und den Handzeichen war es Marvin möglich dieses lange Wort lautsprachlich zu konstruieren. Seine Mutter übte mit ihm zu Hause nach derselben Methode. Marvin ist jetzt fünf Jahre alt und er ist in der Lage, fast jedes Wort lautsprachlich silbenmäßig zu konstruieren. Die gezielte Lippen- und Zungenbewegung fällt Marvin außerordentlich schwer. Die Eltern üben zu Hause mit ihm nach der Paduvan-Methode. So lernt er z.B. die Zungenbewegung für das T mit Hilfe einer Oblate, die ihm an die Vorderzähne geklebt wird. Zurzeit machen wir mit Marvin ein Wörterbuch.

Marvin baut sich z.B. eine Ritterburg. Wir fotografieren sie. Zuerst sprechen wir das B zusammen mit dem Handzeichen und ebenso das U. Daraus wird die Silbe »Bu« und »Bu«, dass bedeutet Burg. Das Wort Burg schreiben wir unter das Foto. Zum Tiger sagte er »Tiä« und zum Ritter »Riä«. Wir bestätigen ihn, indem wir anfangs auch zur Burg »Bu«, zum Tiger »Tiä« und zum Ritter »Riä« sagen. Diese Silben sind für ihn Wörter, mit deren Hilfe er sich zunehmend verständigen kann. Einmal hörte er, wie Josefine »Malbuch« sagte, während sie es sich auf den Tisch legte. Er sprach es nach: »Mabu.« »Ma« hatte er gelernt, indem er das Wort »Mama« immer wieder geübt hatte und das »Bu« hatte er eine Stunde vorher gelernt, als er die Burg bezeichnete. So konstruierte er aus beiden Silben selbstständig ein neues Wort. Jetzt ist er in der Lage zwei Silben selbsttätig zu einem Wort zu formen. Seine Hand steuert dabei die Lippenbewegung. Marvin hat mit Hilfe der sinngebenden Laute und der Handzeichen einen Weg gefunden, aus Silben Wörter zu bilden. Marvin hat wunderschöne blaue Augen und strohblondes Haar. Frau Professor Obuchova sagt: »This is our Davydov.« Marvin geht als Integrationskind in die Regelschule und liest wie Josefine in der FU-Fibel.

Marvins Mutter schreibt:
Marvin geht gerne zu Christel Manske. Hole ich ihn vorzeitig aus dem Kindergarten ab, dann strahlt er und stolz erzählt er seinen Kindergartenfreunden von »Chr« (Christel), zu der er jetzt in die Schule fährt.
Was ist das, was ihn so stolz macht? Marvin weiß, dass man schon ganz schön groß ist, wenn man die Buchstaben und das Schreiben lernt, und er genießt die Momente, in denen er seiner 11/2 Jahre jüngeren Schwester zeigen kann, was er bereits in der Schule gelernt hat. Aber das ist es nicht alleine, es gibt da etwas ganz Bedeutsames. Durch die Buchstaben hat Marvin endlich eine Stütze für die Lautsprache gefunden. Endlich kann er erfahren, wie es ist verstanden zu werden! Sei es, dass er mir auf dem Weg nach Hause einfach sagen kann, was ihn gerade bewegt, was ihn bedrückt: »EE--NIII, BEEER« und er zeigt dabei rückwärts aus dem Auto heraus. Ich verstehe, Marvin teilt mir gerade mit, dass wir Ernie und Bert bei Christel Manske vergessen haben.
Ich glaube, ich möchte mir lieber gar nicht versuchen vorzustellen, wie viele solcher für ihn wichtigen Momente er immer und immer wieder – ganz alleine – in sich tragen musste.
Nun kann er aus dem Kindergarten kommen und mir von seinen Erlebnissen erzählen. Seine beste Freundin A-WI-NA (Davina) muss heute zum Zahnarzt und er zeigt mir das J für die Handlung des Bohrens beim Zahnarzt. Oder er sitzt mit mir auf seinem Hochbett, das Lotta-Buch lesend »Na klar Lotta kann Radfahren« und ich stell überrascht fest, dass er das Buch fast auswendig kennt. Er erzählt mir, dass TA-BER (Tante Berg) auf der nächsten Seite kommen wird, oder dass Lotta gleich hinfallen (fa) und ein blu-i Ni (blutiges Knie) haben wird.
Marvin hat die Sprache verstanden. Für die Buchstaben benutzen wir zu Hause vereinbarte Handzeichen. Die dafür notwendigen Handbewegungen steuern dann sichtlich die Lippen – und Zungenbewegungen von Marvin. Das Wort »warte« bereitet Marvin noch große Schwierigkeiten. Er lautiert a-e und benutzt die erlernte Gebärde für Warten. Nachdem er dann aber von uns das Handzeichen für das W gezeigt bekommt (der Wind, bzw. die Hand streicht über die Haare), streicht er sich glücklich über seine Haare und sagt strahlend »Wa-e«. Mittlerweile fordert er die lautsprachlichen und visuellen Stützen, die Handzeichen für die Laute, von uns ein. Verhinderungstaktiken, die er bei schwierigen Situationen sonst gerne einsetzte, wendet er beim Erlernen der Lautsprache nicht mehr an, obwohl diese für ihn nach wie vor aus motorischen Gründen immer noch sehr schwierig ist. Marvin hat mit den Handzeichen eine Brücke zum Überwinden der Schwierigkeit, laut zu sprechen, gefunden. Er erfährt immer häufiger ein neues nicht zu missendes Miteinander mit seiner Umwelt.

Nicht nur Marvin lernt, sondern auch wir als Eltern. Ich habe seit gut 2 Jahren, seitdem Marvin regelmäßig bei Christel Manske in Betreuung ist, sehr viel gelernt. Eltern werden gerade von Therapeuten oft als die wichtigsten Lehrer im Alltag gesehen, dennoch habe ich nirgendwo die dafür notwendige Elternbetreuung so intensiv erfahren wie bei Christel Manske. Hospitationen oder Berichterstattungen am Ende der Stunden, bei denen regelmäßig praktische Ratschläge und Hinweise für den Alltag mitgegeben werden, haben mich vieles verstehen lassen.
Ich selbst habe bis dahin Marvins Stärken im Alltag oft zu wenig wahrgenommen und dadurch seinen »Schwächen« eine erhöhte Aufmerksamkeit geschenkt. Zunehmend, durch Auseinandersetzungen mit pädagogischem Wissen, entstand bei mir der Wunsch nach allgemeiner »Förderung«. Ich wollte bei Marvin etwas erreichen und entwickelte so etwas wie Lernziele. Unbewusst aber rückten diese so weit in den Vordergrund, dass mein Umgang mit Marvin in Lernsituationen einen leicht aggressiven Charakter bekam.
Durch die Betreuung bei Christel Manske wurde mir allmählich klar, dass es nicht reicht zu wissen, was ich tun muss, um bei Marvin etwas zu erreichen. Marvin selbst muss erreicht werden. Eine innere Einkehr für ein wirkliches Miteinander ist notwendig. Der Dialog wird gesucht und Marvin muss nicht mehr nur reagieren, er kann aktiv sein, seine spontanen Aktionen werden gestützt.
Christel Manske versucht uns Eltern die Praxis verständlich zu machen. Viele praktische Beispiele geben Einblick für das »richtige Tun im richtigen Augenblick«, für die nötige »gemeinsam geteilte Handlung«, für den zur Kontaktaufnahme »wichtigen Augenkontakt« und den Einblick in das grundsätzliche Vertrauen, das nicht blockiert von Meinungen und Vorurteilen ist. Das Vertrauen darauf, dass die Kinder alles lernen können.

Lukas

Lukas wollte mit 22 Jahren lesen und schreiben lernen. Er arbeitet in einem Hotel. Hier sind Menschen mit Behinderung integriert. Lukas ist ein schöner, junger Mann mit braunen freundlichen Augen. Zuerst zeigte ich ihm, wie er seinen Namen schreibt. Aber nach vier Stunden Unterricht sah ich ein, dass Buchstaben für ihn keinen Sinn ergaben. Er konnte sich weder die Buchstaben noch die Reihenfolge der Buchstaben in seinem Namen merken. Er konnte aufrechte und waagerechte Striche ziehen, aber Schrägen und Rundungen waren für ihn unmöglich. Ich kaufte für ihn einen kleinen Kochherd. Wir kochten zusammen Suppen. Er schnippelte und rührte. Ich zeigte ihm Kunstkalender von Chagall, Klee und Miró. Er nahm den Kalender von Chagall. Er hatte Lust zu malen und so wechselte er die Rolle vom Koch zum Maler. Er malte mit großer Begeisterung. Es zeigte sich, dass er ein ausgesprochenes Gefühl für Farben hatte. Seine Bilder waren so schön, dass ich sie einrahmte und in meiner Praxis aufhängte.

Eines Tages suchte er sich ein Bild von Chagall aus und zwar ein Selbstportrait. Er sagte: »Das ist es doch. So wie ich, ein Maler.« Als Fasching war, wollte er sich nicht als

Torero verkleiden, sondern er sagte: »Ich bin doch ein Maler.« Er ging als Maler mit Palette, Pinsel und Kittel stolz wie ein Spanier zum Faschingsfest. Zu diesem Zeitpunkt war es ihm noch nicht möglich, mit den Augen seine Hand zu steuern. Er konnte nichts Gegenständliches abmalen, er setzte Farbe an Farbe auf das Bild. Sein Gruppenleiter erklärte mir: »Wir können ihn nicht allein auf die Straße lassen, er sieht die Autos nicht.« Ich ging davon aus, dass die bewusste Augenbewegung nur durch die bewusste Handbewegung aufgebaut werden kann. Daher legten wir alle möglichen Gegenstände, wie z.B. Autos, Stofftiere, Schlüssel, Teller auf das Blatt. Ich führte zuerst seine Hand um den Gegenstand so herum, dass er mit einem Filzstift die Umrisse malte. Danach lernte er, mit Schablonen zu arbeiten. Über anderthalb Jahre, einmal in der Woche, zeichnete er Tiere, Pflanzen, Gegenstände usw. Die Umrisse wurden mit Knetmasse ausgefüllt, sodass die Bilder kleine Reliefs bildeten. Nach den Knetbildern lernte er die Zeichnungen mit Buntstift anzumalen. Plötzlich beobachtete ich, dass er nicht mehr über den Rand malte. Er hatte die Fähigkeit erworben, mit den Augen seine Hand zu steuern. Zur gleichen Zeit teilte mir sein Gruppenleiter mit, dass Lukas zum ersten Mal im Kaufhaus die Jacken gesehen hätte. Er sagte wörtlich: »Lukas zeigte mit den Fingern auf die Jacken und sagte: ‚Da hinten sind doch Jacken'.« Auffällig war auch, dass er seinen Kopf nicht mehr gesenkt hielt, sondern mit erhobenem Haupt ging. Danach lernte er mit Hilfe der sinngebenden Lautmethode die Buchstaben kennen. Ich schrieb unter alle Bilder, die er immer noch mit Hilfe von Schablonen malte, die Wörter, wie z.B. Hase, Auto, Kamel usw. Er fuhr mit einem Buntstift meine Buchstaben nach.

Bald konnte er fünfzig Wörter erkennen. Wir spielten didaktische Spiele wie Lese-Memory und Lese-Lotto. Er war jetzt so weit, dass er an einem Computer schreiben wollte. Wir gaben ihm Bildkarten, unter denen Wörter standen, wie z.B. Apfel, Hand, Haus usw. Lukas schrieb sie mit Hilfe von Gebärden ab, die ich zu jedem Buchstaben machte. Dann sollte er lernen, mit Hilfe seiner eigenen lauten Sprache die Wörter zu schreiben. Doch das gelang ihm nicht. Ich versuchte dann mit ihm, mit Hilfe der Handzeichen für die Buchstaben, das Schreiben auf dem Computer zu steuern. Ich sah, wie schwer es ihm fiel, die Handzeichen selbst nachzuahmen. Er erkannte alle Handzeichen, die ich ausführte, und konnte sie benennen. Aber selbst nachahmen konnte er sie nicht. Meine Körperbewegungen konnte er deuten, seine eigenen konnte er nicht steuern. Das Schreiben mit der Hand fällt ihm daher immer noch sehr schwer. Es ist ihm nicht möglich z.B. den Buchstaben H oder A abzuschreiben. Mit Hilfe von Richtungspunkten gelingt es ihm. Um das A selbst zu schreiben, muss er die Bewegung im Kopf vorwegnehmen, d.h. einen inneren geistigen Handlungsplan haben. Inzwischen lernt er das Lesen und Schreiben von Wörtern am Computer.

Es wird mir oft die Frage gestellt, warum wir bei so geringen Erfolgen so viel Aufwand betreiben. Ich bin der Überzeugung, dass menschliche Entwicklung in der gemeinsam geteilten Tätigkeit immer gelingt. Es kommt nicht darauf an, wie groß diese Entwicklungsschritte sind, sondern dass Entwicklung geschieht. Geistige Behinderung, das bedeutet sich nicht entwickeln zu können. Sich nicht entwickeln zu können, bedeutet Stress und Einsamkeit. Sich entwickeln zu können, bedeutet die Überwindung pathologischer Systeme, die ihren Sinn in dem Augenblick verlieren, wenn höhere psychische Systeme in der gemeinsam geteilten Tätigkeit ausgebildet werden können. Lukas litt an epileptischen Anfällen. Als er zu mir kam, bekam er täglich 12 Luminetten. Jetzt bekommt er nur noch eine Tablette am Tag. Er hat seit Jahren keinen epileptischen Anfall mehr. Es war möglich seine Epilepsie mit Hilfe pädagogischer Ideen aufzulösen. Drei Jahre lang musste Lukas zu mir in die Praxis gebracht werden. Jetzt kommt er sogar im Dunkeln den langen Weg allein. Er sieht die Autos und er kann sich den Weg merken. Ich denke, dass er in fünf Jahren seiner Mutter aus dem Urlaub mit dem Laptop selbst eine Karte schreiben kann und einen Brief, den sie ihm schreibt, selber liest. Diesen Brief hat er heute geschrieben: »Liebe Mama, ich schreibe dir. Dein Lukas.«

Sascha

Mit neun Jahren sollte Sascha endlich rechnen, lesen und schreiben lernen. Ich hatte zwei Haufen Steine auf dem Tisch verteilt: »Wo sind mehr Steine?« Als er sah, dass das »Spiel« irgendwie mit Mengen zu tun hatte, verließ er den Raum, rannte nach draußen und versteckte sich hinter den Mülltonnen. Ich fragte ihn, ob er ein Spiel kennen würde, das er mit mir spielt. Er gab mir einen kleinen Plastiklöwen und sagte: »Ich verstecke ihn und du musst ihn suchen.« Einmal suchte er, ein anderes Mal suchte ich. Ich sagte zu ihm: »Heiß bedeutet, du bist nah dran, so nah, dass du dich gleich verbrennst. Kalt bedeutet, dass der Löwe sehr weit von dir entfernt versteckt ist.« Diese Anleitung verstand er nicht. Nachdem er auch nach zwei Monaten zu keinem anderen Spiel Lust hatte, dachte ich darüber nach, was an diesem Spiel für ihn zweckmäßig war. Ich dachte: Der versteckte Löwe ermöglicht ihm eine Handlung in der Zukunft. Er hat ihn vor seinem geistigen Auge, wenn er ihn sucht. Es ist kein Tagtraum, der ihn überfällt. Jedes Mal, wenn er den Löwen findet, bekommt er die Endbekräftigung. Seine Handlung, den Löwen zu suchen, ist erfolgreich. Von diesem Suchspiel ausgehend versuchte ich andere Aktivitäten aufzubauen. Zuerst ersetzte ich den Löwen durch andere Gegenstände. Danach entstand der Gedanke, mit ihm eine Such-Rallye zu spielen. Seine Mutter organisierte auch zu Hause Such-Rallyes für ihn.

Mir kam der Gedanke, dass Sascha möglicherweise im Vorderhirn einen Defekt haben könnte, da es ihm nicht möglich war, geistige Handlungspläne für die Zukunft zu entwerfen. Die Kernspintomographie bestätigte die Annahme. Das Rallye-Spiel machte ihm Freude, auch wenn von ihm verlangt wurde, kleine Zettel mit Piktogrammen und einfachen Sätzen zu entziffern. Sascha konnte zu dem Zeitpunkt kaum eigene Entscheidungen treffen. Es war notwendig, ihm zu helfen die Kompetenz, eigene Entscheidungen zu treffen, auszubilden. Für die nächsten vier Unterrichtsstunden entwarf ich folgenden Plan: Die Alternativen waren so gewählt, dass er sich für einen Vorschlag besonders interessieren würde und den anderen Vorschlag eher ablehnen würde. Ich wusste, dass er lieber chinesisch als italienisch isst, dass er lieber mit Gewehren spielt, als mit Lego zu bauen und dass er lieber Fußball spielt, als Kassetten zu hören. Er entschied sich für das chinesische Essen. Obwohl es ihm nicht so gut geschmeckt hatte, wie ich hoffte, hat er immer wieder von dem gemeinsamen Erlebnis gesprochen. Er sagte: »Der Salat war etwas zu sauer. Die Cashewnüsse haben etwas komisch geschmeckt. Wenn wir noch einmal essen gehen, suche ich mir etwas anderes aus.« Wie erwartet entschied er sich in der darauf folgenden Stunde, ein Gewehr zu kaufen. Er wollte eine Winchester wie Winnetou. Wir gingen in die Spielzeugabteilung von Karstadt. Schon von weitem entdeckte er die Gewehre, die an einer Wand hingen. Ich nahm ein Gewehr herunter und gab es ihm. Er sagte sofort: »Die nehm ich.« Ich fragte ihn: »Bist du sicher?« Er sagte: »Ja.« Wir gingen zur Kasse. Als ich bezahlen wollte, sagte er: »Ich weiß nicht. Ich glaub vielleicht das andere.« Wir gingen wieder zurück. Insgesamt tauschte er das Gewehr vier Mal um. Ich erklärte der Kassiererin, dass der Junge lernen würde eine Entscheidung zu treffen. Ich musste ihm helfen, einen Unterschied zwischen den Gewehren herauszuarbeiten. Ich sagte: »Das eine Gewehr ist mit Silber beschlagen. Ich glaube, das ist so ein Gewehr, wie Winnetou hatte. Das andere Gewehr knallt lauter.« Er betrachtete die Gewehre und knallte damit. Plötzlich sagte er: »Ich möchte das Gewehr, das laut knallt.« Seine Mutter bot ihm auch zu Hause alles in Alternativen an, z.B.: »Willst du Nutella oder Wurst? Möchtest du zum Schwimmen oder zum Eisessen mit mir gehen?«

Um sich für sein Faschingskostüm zu entscheiden, hatte er mehrere schlaflose Nächte. Er wusste nicht, ob er als Punk oder als Zorro gehen sollte. Inzwischen hatte er auch die Lust am Fußballspielen entwickelt. Er lernte in der Praxis auf das Tor zu schießen. Der Lese- und Schreibunterricht begann mit einem Lesekoffer, den ich zufällig im Spielzeugladen gesehen hatte.

Es sind Bildkarten vorgegeben, zu denen ein Wort mit Plastikbuchstaben in farbige perforierte Felder gelegt werden sollte. Wenn er einen falschen Buchstaben genommen hatte, konnte er den Fehler selbst korrigieren, weil die Perforation nicht stimmte und der Buchstabe nicht in das Feld hineinpasste. Die Auswahl der Buchstaben wird dadurch erleichtert, dass alle Buchstaben nur in fünf Farben aufgeteilt sind. Er musste also nicht zwischen 26, sondern nur zwischen fünf Buchstaben wählen. Mit dem Lesekoffer übte er freiwillig zu Hause. Später schrieb er die Wörter, die er gelegt hatte, in ein Heft und danach konnte er sie auch ohne Bild lesen. Bald konnte er alle Bildkarten fließend lesen. Dieser Erfolg ermutigte ihn selbst ein Lesebuch mit eigenen Geschichten anzufertigen. Er erzählte mir eine Geschichte, ich schrieb sie auf, er malte ein Bild dazu oder er klebte ein Foto ein. Zu Hause lernte er die Geschichten laut zu lesen. Auffällig war, dass er zunehmend eigene Interessen entwickelte. Zum Beispiel begann er damit, stundenlang Bilder abzupausen. Dann entschied er sich dazu, nach der Methode »Schreib wie du sprichst« selbst kleine Krimis zu schreiben. Die Geschichten waren alle ähnlich. Es ging immer darum, dass der Kommissar einen Täter gefangen nahm.

Als die Mutter ein EEG anfertigen ließ, stellte der Kinderarzt freudig fest, dass das EEG normal sei. Die Kernspintomographie zeigte ebenfalls eine Veränderung: Die Verkalkung war nicht mehr sichtbar. Es ist mir nicht möglich, die medizinischen Befunde zu deuten. Was ich mit Sicherheit sagen kann, ist, dass er das Motiv, lesen, schreiben und rechnen zu lernen, entwickelt hatte und die Schülerrolle nun annehmen konnte. Eines Tages fragte er mich: »Glaubst du wirklich, dass ich das alles noch lernen kann, wie die anderen Kinder?« Ich sagte zu ihm: »Ich weiß es.« Sein mangelndes Selbstvertrauen ist sein größtes Problem. In vier Schuljahren hat er die Angst zu scheitern gelernt. Sascha hat mir zum Geburtstag das Buch »Das kleine Ich« geschenkt und er hat es von vorne bis hinten laut vorgelesen. Inzwischen kauft er sich am Kiosk eine Fußballzeitung und die »Bravo«. Er versteht die Texte, er kann geübte Diktate fehlerfrei schreiben, Aufsätze, die er ohne Hilfe schreibt, kann man lesen und verstehen. Ich werde oft gefragt: »Kennen Sie denn keine Misserfolge?« Meine Antwort lautet: »Es gibt kein Kind auf der Erde, das nicht lernen will.« Lernen bedeutet, dass ein Kind mit Hilfe eines anderen das machen kann, was es gern tun möchte, aber alleine noch nicht kann. Alles andere kann nicht als Lernen bezeichnet werden. Lernen ohne ein Motiv, das sich zwei Menschen teilen, gibt es nicht.

Lars

Lars kam mit acht Jahren in meine Praxis. Er ist in einer Klasse für Seelenpflege bedürftiger Kinder. Obwohl er in die dritte Klasse kommt, kann er weder lesen noch schreiben noch rechnen. Am liebsten spielt er »August und Erna« mit mir. Dazu braucht er Plastikminiaturen, wie z. B. Pferde, Hühner, Schweine, Hunde, Katzen, Kühe, Gänse usw. Er baut zwei Ställe und eingezäunte Wiesen. Jedes Tier bekommt seinen Platz. Zum Schluss kommen August, der Bauer, Erna, die Bäuerin, der Wilderer und vier Kinder ins Spiel. Ich muss immer Erna spielen und dem Wilderer »einen Fisch braten, einen Salat mit Dillrahmsoße anrichten und köstliche Erdbeeren mit Vanilleeis reichen.« Ich habe für Lars ein kleines Schreibbuch gekauft. Am Ende der Stunde diktiert er mir ein paar Sätze, die ich mitschreibe. Ich klebe sie in das Buch. Ich bitte ihn ein Bild dazu zu malen. Zuerst malt er Blumen. Ich denke, er würde eine Blumenwiese malen. Dann umrandet er die Blumen. Es entsteht der Rock von Erna. Dann setzt er den Oberkörper auf den Rock und zum Schluss kommt der Kopf. Es ist sein erstes Bild. »Ich staune, wie gut es mir gelungen ist«, bemerkt er zufrieden. Seine Geschichten werden immer länger. Lars kann sie sofort auswendig. Obwohl er nicht lesen kann, schaut er interessiert auf den Text. Lars kann sich Texte merken, aber er vergisst die Buchstaben. Er hat keine Freude, sie wie die anderen Kinder mit der sinngebenden Lautmethode zu lernen. »Buchstaben interessieren mich nicht.« Wenn ich ihm seine Geschichte vorlese, korrigiert er mich: »Frau Manske, ich hatte doch nicht gesagt – der Kuchen schmeckte – ich hatte doch gesagt, dass mir – der köstliche Kuchen mundete – warum schreiben Sie nicht, was ich sage? Es ärgert mich.« Einmal diktierte er zwei DIN-A4-Seiten. Es war seine längste Geschichte. Ich gab sie ihm: »Lies mal selbst, ob ich keine Fehler gemacht habe.« Er legte wie beim Abzählen den Finger auf jedes Wort und »las« die ganze Geschichte fehlerfrei. Ich weiß nicht, warum ich ihm das Blatt zum »Lesen« gab. Es war ein Versuch. Ich hörte ihm andächtig zu. Ich fragte: »Habe ich alles richtig geschrieben?« Er antwortete: »Ich habe keinen Fehler entdecken können, Frau Manske.« Als seine Mutter ihn abholte, sagte ich: »Lies deiner Mutter die Geschichte vor, die du mir heute erzählt hast.« Er las sie vor, wieder ohne Fehler. Die Mutter sah mich an. Sie hatte Tränen in den Augen. Ich besprach mich mit ihr in meinem Büro. Sie sagte: »Er kann doch überhaupt nicht lesen. Meinen Sie, dass er lesen kann? Er lernt ganz schnell auswendig. Was er hört, behält er.« Ich sagte ihr, dass das vielleicht sein Weg sei, das Lesen zu lernen. Bei den nächsten Geschichten schrieb ich bewusst einige Wörter anders, als er es diktiert hatte. Er bemerkte die Fehler: »Steht hier *sagte* ... das sieht doch so komisch aus ... *sagte* ... das ist doch falsch hier. ... »Ich antwortete: »Da steht *fragte*.« »Da haben Sie also einen Fehler gemacht, ... ich hatte *sagte* diktiert.« Ich erklärte ihm: »Ich habe *fragte* geschrieben ... F und R und A und G und T und E.« Er hörte aufmerksam zu, wenn ich die falschen Wörter buchstabierte. Es waren nie mehr als fünf Wörter. Als ich mit fünf Jahren mit meiner großen Schwester in den Gottesdienst ging, saß ich beim Bibellesen neben ihr. Ich hielt, wie Lars, immer den Finger auf die Wörter. Wenn ich in einer falschen Reihe war, stieß mich meine Schwester an: »Hier ... hier den Finger ...« »*Gott*« sah immer gleich aus. Dann fragte ich auch meine Oma, die sagte auch: »M und O und S und E und S.« Moses war ein Mann, das hatte ich begriffen. Und alt war er. Und bald erkannte ich, dass bei Jesus auch ein S war, wie bei Moses. Ich konnte mit sechs Jahren fließend in der Bibel lesen. Die Lesemethode nach der ich gelernt habe, war: Irgendjemand liest und ich halte den Finger unter das Wort. Wir verstehen die Kinder nur auf dem Hintergrund unserer eigenen Kindheit. Inzwischen liest Lars fließend fremde Bücher. Er hat sich aus der Bücherei ein Buch über das Leben von Clara Schumann geholt, weil sie auf dem 20 Mark Schein abgebildet ist. Einmal sagte er zu mir: »Frau Manske, geben Sie es doch zu, dass Sie auch nicht über den Tellerrand gucken können. Sie wissen doch auch nicht, was aus mir werden soll. ... Ich habe das Gefühl, dass mein Gehirn schläft. ... Ob es für mich eine Hoffnung gibt ...?« Ich sagte: »Du musst lernen, fleißig zu sein wie ein Schuljunge, nicht nur spielen. Lesen, schreiben, malen, rechnen musst du lernen. Es regt mich auf, dass du immer nur spielen willst. Ich verliere die Geduld, ich werde regelrecht wütend.« Er sah mich konzentriert an: »Frau Manske, ich sehe in Ihren Augen nur Liebe.« Er lächelte: »Na ja, Sie wollen, dass ich noch eine Chance bekomme. Na ja, ...« Seine Mutter sagte zu mir: »Manchmal haben mein Mann und ich das Gefühl, dass Lars von einem anderen Stern ist. ...« Ich sagte zu ihr: »Ich nenne ihn manchmal le petit prince.« Als er einmal mit einer Babypuppe für sich allein spielte, verknipste Fr. Prof. Obuchova vier Filme in ungefähr 40 Minuten: »I never saw such a deep play ... you see tears in my eyes.« Lars geht jetzt in eine Förderschule. Er wird dort den Hauptschulabschluss machen. Möglicherweise hat Lars das Williams-Beuren-Syndrom. Die pädagogische Idee für das Williams-Beuren-Syndrom muss noch erforscht werden. Lars ist nicht von einem anderen Stern, aber so wie ich ihn kennen gelernt habe, nimmt er die Welt anders wahr als ich. Wir können von ihm lernen, die Welt aus einem anderen Blickwinkel zu sehen und einen anderen Zugang zu ihr zu entwickeln. »›Man sieht nur mit dem Herzen gut. Das Wesentliche ist für die Augen unsichtbar‹. sagte der Fuchs zum kleinen Prinzen und der kleine Prinz wiederholte es, um es sich zu merken.« (de Saint-Exupéry 1998)

Zusammenfassung

Josefine, Marvin, Lars, Lukas und Sascha haben unterschiedliche Begabungen und unterschiedliche Lernprobleme. Die Gesetze des Lernens und der menschlichen Entwicklung sind nach Vygotskij für alle gültig. Dennoch mussten wir das Lernen mit ihnen, in ihnen adäquaten Schritten organisieren, denn die Ausgangsbedingungen waren für alle unterschiedlich. Lars, Sascha und Lukas konnten z.B. schon sprechen; Josefine und Marvin mussten es noch lernen. Sascha und Lars hatten Freude am Rollenspiel. Josefine, Marvin, und Lukas mussten erst den tätigen Umgang mit Gegenständen ausbilden. Wir wissen heute, dass es Kinder gab, die trotz Trisomie 21, trotz Autismus, trotz Taublindheit studiert haben. Damit sie keine Ausnahme bleiben und nicht als Wunder angesehen werden, ist es notwendig, nach Erklärungen zu forschen und adäquate Unterrichtsbedingungen zu entwickeln, die die Wiederholbarkeit der Überwindung der spezifischen Formen der Einschränkungen ermöglichen.

Wer ist Lehrer?

In der Pädagogik gibt es keine Wunder. Menschliche Entwicklung und menschliches Lernen sind mühsam, aufregend und wunderbar. Die Kinder müssen lernen, sie müssen sitzen, stehen und laufen lernen, sie müssen sehen und hören lernen, sie müssen spielen lernen, sie müssen den Zeichengebrauch lernen. Ein Storchenkind muss fliegen lernen, sonst erfriert es im Winter. Irgendwann schlägt bei jedem Lehrer die Stunde und die Frage für die Lehrerinnen und Lehrer ist: »Konnten die Kinder mit uns lernen, konnten sie sich entwickeln, sind sie flügge geworden? Werden sie lehrende Lernende und lernende Lehrer sein?« Ohne Lernen und Lehren stirbt der Mensch vor seiner Vollendung. Wie oft höre ich den Satz: »Unter den gesellschaftlichen Bedingungen kann ein Lehrer kein Lehrer sein, er ist Vollzugsbeamter.« Ich hatte während meiner Schulzeit immerhin drei Lehrerinnen und einen Lehrer. Sie haben die Täter nicht gefasst. Sie haben die aufgestellten Fallen heimlich beseitigt. Sie haben das Unrecht mit Recht ausgeglichen. Vor der Versetzung in die nächste Klasse schrieben wir unerwartet drei Diktate hintereinander und keine Nacherzählungen. Frau Doktor Grober setzte mich immer zu Anke. Als ich versuchte abzuschreiben, blinzelte sie mir zu – sie blinzelte noch einmal – ich verstand. Ich schrieb drei Vieren. Auf der Zeugniskonferenz sagte mein Klassenlehrer: »Christel bekommt in Mathematik und Französisch eine 5, nicht versetzt.« Als er die anderen Noten vorlas: »Physik 4, Erdkunde 4«, fragte sie: »Keine weiteren Fünfen?« Er sagte: »Französisch und Mathematik.« Sie soll wörtlich gesagt haben: »Dann wird ihre Mühe in Französisch belohnt – es gibt manchmal so etwas wie ausgleichende Gerechtigkeit – versetzt.« Ich habe viel von ihr gelernt, und ich habe so manches Mal als Hochschullehrerin und als Lehrerin »geblinzelt«. Lehrer zu werden, ist die schwierigste Aufgabe, die sich einem Menschen stellen kann. Dass viele auf dem Weg resignieren, verwundert nicht, wenn sie niemand finden, der ihnen eine adäquate Kommunikation anbietet. Pädagogen, die in ihrem Leben keinem einzigen Lehrer begegnet sind, stehen mit leeren Händen vor den Kindern. Die einzige Chance, die sie haben, ist, von den Kindern zu lernen und sich von ihrer Funktion als Polizist, Richter, Jäger, Priester zu befreien und nicht aufzuhören nach einem Lehrer zu suchen.

Der Lehrer ist kein Polizist

Regina lernt Frisörin. Der Chef hatte sie gefeuert, weil sie gestohlen hatte. Die stellvertretende Heimleiterin (die Polizistin) sagte zu mir: »Durchsuchen Sie ihr Schrankfach.« Die Heimleiterin Frau Franke hielt mich auf: »Regina muss die Lehrstelle behalten. Sagen Sie dem Chef einen Gruß von Frau Franke und gehen Sie mit Regina gleich los.« »Ich soll in ihren Schrank gucken, ob das Diebesgut darin liegt.« Frau Franke gab mir eine Lehrstunde: »Regina lebt im Heim. Sie hatte nie eine Mutter, einen Vater, Geschwister oder ein eigenes Zimmer. Ihr Zuhause, das ist ihr kleines Fach in ihrem Schrank und das öffnet und schließt sie allein.« »Der Chef behauptet, dass sie Sachen gestohlen hat.« »Haarspray, Shampoo? Und wenn Sie es im Schrank finden, wem hilft es? Der Schrank bleibt verschlossen! Der Chef nimmt die Kündigung zurück.«

Sie hatte mich und Regina mit einer solchen Entschlossenheit losgeschickt, dass ich ohne Regina zurückkam. Frau Franke lobte mich nicht einmal.

Der Lehrer ist kein Richter

Josch kam zu mir in die Praxis. Sein Vater sagte: »Josch ist ein guter Junge.« Seine Mutter weinte: »Der Josch hat Schulverbot, drei Tage. Er stört den Unterricht. Wenn das noch einmal vorkommt, hat der Rektor gesagt. ...« Josch erzählt: »Unser Lehrer hat Fredi in das Klassenbuch eingetragen. Fredi hatte schon drei Eintragungen, und dann werden die Eltern benachrichtigt. Ich habe die dritte Eintragung durchgestrichen, dann hat der Lehrer (der Polizist) die Kugelschreiber eingesammelt. Mein Kugelschreiber war's. Da hatte er mich erwischt. Er ist mit mir zum Rektor gegangen. Der (der Richter) hat zu mir gesagt, wenn es mit mir nicht besser wird, muss ich die Schule verlassen.« »Glücklich ist der, der dich zum Freund hat, Josch. Für dich ist die Freundschaft das Maß aller Dinge.« Ich ging ans Telefon: »Herr Rektor, hier spricht Frau Dr. Manske. Der Josch war heute bei mir in der Praxis. Warum haben Sie ihm Schulverbot erteilt?« »Frau Doktor, der Josch hat sich regelwidrig verhalten. Er braucht einen Denkzettel.« »Herr Rektor – aber Sie haben sogar gegen das Schulgesetz verstoßen, ohne an die Folgen zu denken.« »Frau Doktor, wir sollten miteinander reden. Ich werde gleich die Eltern anrufen, dass der Josch morgen wieder in die Schule kommen darf. Sein Lehrer hatte ja von mir erwartet, dass ich als Rektor eine Strafe exekutiere. Verstehen Sie doch bitte auch meine Situation.« »Herr Rektor, ich möchte Ihnen für dieses Gespräch danken.« »Frau Doktor, ich danke Ihnen.«

Der Lehrer ist kein Prediger

In dem Heim für schwer erziehbare Mädchen sollte ich einmal in der Woche einen Kulturabend veranstalten. Ungefähr vierzig Mädchen sollten sich den kleinen Prinzen zum Vorbild nehmen, der sich entschließt, zeitlebens für das verantwortlich zu sein, was man sich vertraut gemacht hat. Gekicher und Gelächter: »Gehen Sie zur Heilsarmee.« »Was soll ich denn bei der Heilsarmee?« stotterte ich verlegen. Dann sagte ich leise: »Ich, ich war nie auf dem Strich – ich kann mir das nicht vorstellen.« Beate Barbienne, die ihren Freund, einen Zuhälter, jeden Sonntag im Gefängnis besuchte, stand auf: »Die hat echt keine Ahnung. Die sieht ganz weiß aus. Die rafft das doch nicht. Kapiert das doch. Die findet das gut mit dem kleinen Prinzen – Mensch noch mal.« Sie legt ihre Hand auf meinen Rücken und gab mir eine Praline. Auf dem nächsten Kulturabend erzählte ich ihnen die Geschichte von Jesus und der Hure. In der Bibel steht, dass Jesus zur Hure gesagt hatte: »Steh auf Frau und sündige hinfort nicht mehr.« Im Urtext sagt Jesus aber folgendes: »Steh auf Frau, denn du hast nur geliebt.« Die Frauen schwiegen. Einige bekamen Tränen in die Augen – einige sprachen über ihre Erfahrungen. Beate unterbrach sie manchmal: »Erzählt ihr nicht alles – das kann sie nicht ab.«

Der Lehrer ist kein Jäger, der Fallen aufstellt

Damit die Leistungsbeurteilung der Gauß'schen Normalverteilung entspricht, müssen die Lehrer Fallen aufstellen. Bei 25 Schülern sind in der Regel drei Fünfen obligatorisch. Christian hatte zwei Fünfen im Zeugnis. Er schrieb seinen Eltern einen Brief: »Liebe Mutter, lieber Vater, ich will euch keine Schande machen. Euer Sohn Christian.« Der heranrollende Zug war seine Lösung. Seine Mutter sang mit mir im Kirchenchor. Dustin hatte neun Fünfen im Zeugnis. Auf der Anklagebank sitzt m.E. das gesamte humanistische Gymnasium. Eltern und Lehrer sollten dankbar sein, dass Dustin sich mit einem Joint trösten konnte. Alle Kinder müssen eine Chance haben, das Gelernte darzustellen, ohne zu scheitern, ohne durchzufallen.

Die Kinder des dritten Schuljahrs der Sonderschule sollten vor dreißig Jahren bei mir einen Aufsatz »erzählen«: »Ich zünde einen Ofen an«. Zur Auswahl stand ein Rollenspiel, eine Zeichnung, ein Vortrag oder ein Schriftstück. Einige Kinder übten eine Pantomime ein, einige malten ein Bild, einige schrieben. Am Ende der Stunde stellten die Kinder die Ergebnisse der Stunde dar. In der darauf folgenden Stunde bekamen die Kinder, die einen Aufsatz geschrieben hatten, die Möglichkeit ihn als Pantomime darzustellen oder ein Bild zu malen. Die Kinder, die ein Bild gemalt hatten, eine Pantomime oder einen mündlichen Vortrag vorbereitet hatten, diktierten einen Text, der an die Tafel geschrieben wurde. Zum Schluss hatten alle Kinder einen Text und ein Bild in ihrem Heft. Für alle Kinder war die Einheit von symbolischer Tätigkeit, lauter Sprache und Schriftsprache gegeben. Der Schulrat, der zufällig anwesend war, ein alter Herr, ließ sich von den Kindern begeistern: »Die Kinder haben ein Sprachniveau, das habe ich noch nicht erlebt. Ich glaube, das hängt mit der Methode zusammen.«

Der Lehrer ist Schrittmacher von einer Entwicklungsstufe zur nächsthöheren

Vom Lehren
Der Lehrer, der im Schatten des Tempels wandelt, gibt seinem Gefolge eher von seinem Glauben und seiner Liebe als von seiner Weisheit.
Ist er wahrhaftig ein Weiser, so fordert er euch nicht auf, das Haus seiner Weisheit zu betreten; eher geleitet er euch zur Schwelle eures eigenen Geistes. (Gibran 2002, S. 74)

Wer war der Lehrer Vygotskij?

Vygotskij ist ein Lehrer für mich. Ihm geht es nicht darum, behinderte Kinder zu integrieren, ihm geht es darum, dass das Wort »Defekt« verschwindet »als wahrhaftes Zeichen für unseren eigenen Defekt«. Auch das Wort Behinderung ist von uns konstruiert und es muss dekonstruiert werden. Es ist Ausdruck einer Ordnung, die von einer anderen Ordnung abgelöst werden sollte. Es geht Vygotskij nicht darum für schwachsinnige Kinder einen schwachsinnigen Unterricht zu konzipieren, sondern es geht ihm darum, den Schwachsinn zu verhindern und ihn zu überwinden. Für ihn ist die so genannte geistige Behinderung nicht ein Unfall der Natur, sondern sie entsteht, wenn die adäquate soziale Kommunikation, der Zeichengebrauch, nicht stattfindet und die Quelle menschlichen Bewusstseins nicht sprudelt, sondern versiegt.

Weil das *Symbol* oder auch das *Wort* ein Reiz für mich und für andere zugleich ist, ist es die Quelle des Bewusstseins und jedes Kind hat einen Anspruch auf ein ihm adäquates Zeichensystem, damit es zu sich und anderen Menschen in Kommunikation treten kann, in einen geistigen Kreislauf. »Die Fähigkeit unseres Körpers, Reiz zu sein (durch seine Akte) für sich selbst (für neue Akte) zu sein – das ist die Grundlage des Bewusstseins.« (Vygotskij 1985, S. 294)

Vygotskij hat die menschliche Entwicklung anders als alle Psychologen seiner Zeit beschrieben. L. Obuchova hat den Paradigmenwechsel von Vygotskij analysiert (siehe Anhang S. 134).

Meine pädagogischen Konsequenzen aus dem Paradigmenwechsel Vygotskijs

Der Entwicklungsverlauf

Vom Sozialen zum Individuellen

Die Indianer sagen, dass die Kinder bis zum dritten Lebensjahr noch einen Fuß im Himmel haben. Erst danach werden sie mit beiden Füßen an die Erde gebunden. Pädagogen und Psychologen der unterschiedlichen Schulen verstehen den Lernweg als Sozialisationsprozess. Vygotskij ist anderer Auffassung: Wir kommen alle als soziale Wesen auf die Welt. Es ist uns aufgegeben, Individualität zu erlangen und durchzusetzen. Der Rektor der pädagogischen Hochschule unterstützte mich auf diesem Weg: »Sie können doch nicht machen, was Sie wollen – Sie müssen sich doch an die Vorschriften halten – wenn Sie Lehrerin werden wollen.« Ich fragte ihn: »Haben Sie sich immer an die Vorschriften gehalten als Sie noch Lehrer waren vor 1945?« Er schaute auf den Boden. Ich sah die Tränen in seinen Augen. Er nickte: »Sie sind zur Prüfung zugelassen«, womit er sich auch nicht an die Hochschulordnung hielt.

Es war die Zeit der linken Studentenbewegung. Für die Prüfung in Tiefenpsychologie hatte ich das wissenschaftliche Gespräch gewählt. Mein Thema lautete: »Die Überwindung der Denkweise S. Freuds durch die Methodologie von K. Marx am Beispiel Zwangsneurose.« Herr Dr. Houben sagte zu mir: »Wechseln Sie das Thema, sonst fallen Sie durch die Prüfung.« Ich wechselte das Thema nicht. Am Ende der Prüfung gratulierte er mir zu meiner überragenden Leistung. Heute bekam ich eine Antwort auf eine Urlaubskarte, die ich ihm aus Sri Lanka geschrieben hatte. Ich hatte ihn an die Prüfung vor 30 Jahren erinnert. Er antwortete auf seiner Karte: »Liebe Christel Manske, ich habe immer gern eine gute Note gegeben, wenn ich etwas Neues lernen durfte. Ihr A. Houben.« Wir Studenten hatten die Angst vor den Professoren überwunden. Das war die Voraussetzung wechselseitiger Entwicklung.

Die Bedingungen der Entwicklung

Morphophysiologische Eigenschaften und Kommunikation

Während meines Pädagogik-Studiums lernte ich, dass es drei Annahmen für die Begabung eines Kindes gibt. Dasselbe lernte ich während meines Psychologie-Studiums. Dasselbe hören die Studenten heute noch.

1. Die Begabung ist das Ergebnis der Erbanlagen
2. Die Begabung ist das Ergebnis der Umwelt
3. Die Begabung ist das Ergebnis von Erbanlagen und Umwelt

Viele Lehrer resignieren: »Bei dem Elternhaus können wir Lehrer dem Kind gar nicht helfen.« Diesen Satz habe ich nicht nur einmal im Lehrerzimmer gehört. Vygotskij ist davon überzeugt, dass es in unseren Händen liegt, ob ein Kind sich entwickeln kann oder nicht, dass die Behinderung eines Kindes immer auch die Behinderung des Lehrers widerspiegelt. Für Vygotskij gibt es nicht die Umwelt an sich. Wenn z.B. ein Säugling taubstumme Eltern hat, ist die Umwelt in Ordnung. Wenn ein Kleinkind aber während der sensitiven Phase der Sprachentwicklung taubstumme Eltern hat, ist die gleiche Umwelt eine Katastrophe. Für Vygotskij ist weder Umwelt an sich noch die DNS, die Erbanlagen, an sich, die Ursache für die Begabung. Für ihn ist die Fähigkeit des menschlichen Gehirns funktionelle Systeme, wie z.B. Wahrnehmen, Sprechen, Denken usw. auszubilden eine Ursache. Eine andere Ursache ist die adäquate Kommunikation. Diese muss den psychologischen Altersstufen entsprechen. Die Tätigkeitstheorie-Lehrer übernehmen allein die Verantwortung für das Lernen in der Schule – die Zeit reicht. Albert kam mit drei Jahren in meine Praxis. Am liebsten saß er in der Nähe der Tür und zippelte an seinem Halstuch. Nach einem halben Jahr sagte ich zu seiner Mutter: »Alles was er bis jetzt bei mir gelernt hat, ist die Sachen, die ich für ihn auf den Teppich lege, ziellos umeinander zu werfen.« Sie unterbrach mich: »Ich wollte mit ihm zur Ergotherapie – plötzlich fing er an zu schreien – er zog mich zu Ihrer Praxis in die Charlottenstraße – ich klingelte – als Sie nicht aufmachten, kehrte er ohne Weinen mit mir um. Er kann doch nicht dumm sein – woher wusste er, wo Ihre Praxis ist?« Albert lehrt mich, wie kein anderes Kind, das Unmögliche für möglich zu halten. Geliebt von seinen Eltern holt er sich die Sterne vom Himmel und so riskiere ich auch einen Blick nach oben. Ich hoffe, dass er auf seinem Weg seine autistische Symptomatik und Trisomie 21 überwinden wird. Seit einem Monat kommuniziert er mit mir: »Ball«, »Turm«, »Mama kommt, Papa Arbeit.«

Die Quelle der Entwicklung

Außerhalb des Individuums: Kultur

Die Quelle des Lernens des Menschen ist das ganze Universum. Alles Individuelle kommt aus dem Sozialen – alles intrapsychische war vorher interpsychisch. Kein Kind ist seinem Wesen nach verhaltensgestört, sondern es wird immer und immer wieder – obwohl es schreit, weint, trampelt, schluchzt – in seinem Verhalten gestört. Kein Kind ist seinem Wesen nach unkultiviert, es hat die Unkultur erfahren wie z.B. Caspar Hauser. Kein Kind ist seinem Wesen nach geistig behindert, sondern es wird von seiner nicht-adäquaten Umwelt an seiner geistigen Entwicklung gehindert. Ich stand Maria gegenüber, die wegen einer endogenen Psychose in der geschlossenen

Abteilung der Psychiatrie war. Sie hatte versucht, ihren Verlobten mit einem Schlachtermesser in den Oberschenkel zu stechen, als sie mit ihm im Wald auf einer Parkbank saß. Ich fertigte eine Skizze von der Situation an und fragte sie: »Hinter welchem Baum hatte sich die Stimme ›Erstich ihn‹ versteckt?« Sie zeigte auf einen Baum und flüsterte: »Hier stand er. Er hatte zu mir gesagt – entweder du erstichst ihn oder ich werde dich töten.« Samy war als Messerstecher bekannt. Von ihm hatte Maria ein Kind erwartet. Dieses Kind wurde auf Anraten der Ärzte abgetrieben. Vor Gericht gab Samy zu, dass er es war, der Maria in die Verzweiflungstat, ihren Verlobten mit einem Messer zu stechen, getrieben hatte. Marias endogene Stimmen verstummten. Sie verließ die Klinik. Samy wurde eingeliefert. Aber er ist auch nicht als Anstifter zum Töten geboren worden (Manske in: Feuser/Berger (Hrsg.) 2002, S. 438).

Die Entwicklungsform

Aneignung

Pauker machen Einlagen in die Köpfe der Kinder. Das ist das Bild des Nürnbergers Trichters. In der Zone der nächsten Entwicklung suchen Lehrer nicht nach endgültigen Lösungen – denn unsere Erkenntnisse von heute sind unsere Irrtümer von morgen – sondern sie stellen sich immer wieder neue schöpferische Fragen und ringen um Antworten. Die Lehrenden füttern die Lernenden nicht mit Meinungen, Vorurteilen und so genannten Tatsachen, sondern teilen mit ihnen Wissensdurst und Erkenntnishunger. Die Lehrenden ermuntern die Lernenden die ausgetretenen Pfade zu verlassen und unberührtes Neuland zu erforschen. Im Anpassungsunterricht steht der Lehrer Modell. Seine Schüler sprechen mit seiner Sprache, denken in seinen Begriffen, werden seine geistigen Ebenbilder. Beim Lernen vergegenständlicht das Kind seine sich immer verändernde Eigenheit. Wir sollten mit der Technik der Schnurkeramik Tonvasen gestalten. Entweder hatte ich meiner Lehrerin nicht zugehört oder ich hatte mich so in den Ton vertieft, dass ich den Auftrag vergessen hatte. Ich betrachtete den Männerkopf in meiner Hand. Meine Lehrerin forderte mich auf: »Zeig dein Werk – ich konnte nicht aufhören dir bei der Arbeit zuzusehen.« Dann sprach sie weiter: »Hört nicht auf eine alte Frau – hört auf den Ton, den ihr in euren Händen haltet.«

Die Entwicklungsbesonderheit

Die Entwicklung folgt nicht biologischen, sondern sozial-historischen Gesetzen

Alles Lebendige entwickelt sich in erster Linie infolge biologischer Gesetze. Nur wir Menschen entwickeln uns in erster Linie infolge sozial-historischer Gesetze.

Es sind die Produktionsmittel, die Produktionsweisen, und die Produktionsverhältnisse in einer bestimmten Zeit, in einer bestimmten Gesellschaft, die den Unterschied zwischen einem europäischen Kind und einem Pygmäenkind machen. Würde ein Pygmäenkind nach der Geburt in unserem Kulturkreis im Jahr 2001 aufwachsen, würden seine Sinne, seine Sprache, sein Denken diesem Kulturkreis entsprechen. Würde ein europäisches Kind nach seiner Geburt im Urwald aufwachsen, würde es ein Dschungelkind wie Tippi aus Afrika (Degré 2001) werden. Bei einem Schimpansenbaby ist das, wie die Gardners bewiesen haben, ganz anders.

Die Triebkräfte der Entwicklung

Einheit und die Dissonanz der latenten und der dominanten Verhaltenslinie

Die Triebkraft entsteht aus der Einheit und dem Kampf von zwei Aspekten der Tätigkeit – dem Aspekt des Bedürfnisses (dunkler Drang) und dem Aspekt des operationalen technischen Könnens (staunende Bewunderung). Beide Linien sind immer gegenwärtig. Eine von diesen beiden Linien ist nach Elkonin (1972), entsprechend den psychologischen Altersstufen, entweder dominant oder latent. Er hat den Wechsel dieser Linien erforscht. Beim Säugling ist die dominante Verhaltenslinie der dunkle Drang. Dann setzt sich, wie beim Bolero von Ravel, zunehmend die latente Linie, staunende Bewunderung über das Gelingen der eigenen Tätigkeit, durch und wird zur dominanten Hauptlinie, die bis zum Ende des dritten Lebensjahres die Oberhand behält. Doch dann setzt sich der dunkle Drang als Hauptlinie durch – das Kind kultiviert nicht mehr wesentlich sein operationales, technisches Können, sondern es drängt es, mehr zu sein, als es ist. Es träumt davon, erwachsen zu sein und erfüllt sich diese Träume im Rollenspiel bis zum Ende des siebten Lebensjahres. Nun setzt sich wieder die Linie staunende Bewunderung – Erlernen der Kulturtechniken und das Lernen des Lernens - als dominante Verhaltenslinie durch. Immer verblasst die dominante Linie irgendwann, wie alles Erreichte verblasst. Dann gewinnt das Erreichen des noch nicht Erreichten die Oberhand. In der fließenden Gegenwart findet die Veränderung statt.

Vygotskij schreibt: »Das Anwachsen und die Wandlung der Bedürfnisse und Strebungen stellen den am wenigsten bewusst werdenden und den am wenigsten willkürlichen Teil der Persönlichkeit dar, und beim Übergang von Altersstufe zu Altersstufe entstehen beim Kind neue Antriebe, neue Motive, anders ausgedrückt, die Triebkräfte seiner Tätigkeit erhalten eine andere Wertigkeit. Was für das Kind von großer Wichtigkeit, was für es richtungsweisend war, wird auf der nächsten Stufe relativiert, verliert seine Bedeutung.« (Vygotskij 1987, S. 285)

Die menschliche Metamorphose

Die menschliche Entwicklung verläuft, im Sinne Vygotskijs, nicht linear, sondern sie erfolgt in qualitativen Sprüngen. Während eine Raupe sich verpuppt, um ein Schmetterling zu werden, findet die menschliche Metamorphose als eine psychische Umstrukturierung des Menschen statt.

Die menschliche Entwicklung vom Säugling zum Kleinkind, zum Vorschulkind, zum Schulkind und zum Jugendlichen gelingt, wenn das Kind auf allen Entwicklungsstufen lernen kann. Doch die Lehrer, das sind Eltern, Erzieher, Lehrer usw., können ihres Amtes als Schrittmacher von einer Entwicklungsstufe zur nächsten nur walten, wenn sie die Stufenfolge der Ontogenese anerkennen. Nur wenn ein Lehrer den Gesetzen der menschlichen Entwicklung Folge leistet, eilt der Unterricht der Entwicklung voraus. Daher stelle ich die Stufen der Menschwerdung vom Säugling bis zum Jugendalter dar. Die Gesetze der menschlichen Entwicklung sind allgemein gültig für jedes Kind, ohne Ausnahme. Daher ist es notwendig, dass jeder Pädagoge die Entwicklungsgesetze der menschlichen Metamorphose kennt, um jedem Kind entsprechend seiner Entwicklungsstufe die adäquate geistige Nahrung zukommen zu lassen. Es würde keinem Kind einfallen, z.B. eine Raupe mit Blütennektar zu füttern oder einem Schmetterling Weißkohl zu geben. Dann würden beide sterben. Aber Lehrer füttern Kinder mit nicht adäquater geistiger Nahrung und stellen fest: »Der Junge isst nicht, was ich ihm auftische, er weint, er läuft weg, er träumt, er hält sich die Ohren zu, er hat ein Aufmerksamkeitsdefizitsyndrom.« Damit das Lernen der Entwicklung vorauseilt und die Lehrer als Schrittmacher in der gemeinsam geteilten Tätigkeit mit den Kindern die nächste Entwicklungsstufe anstreben, ist es notwendig, dass sie die gemeinsam geteilten sichtbaren Motive wahrnehmen und die gemeinsam geteilten geheimen Tendenzen erahnen.

Josefine schreibt mir mit vier Jahren einen Kritzelbrief. Ich sage zu ihr: »Du hast mir einen schönen Brief geschrieben. Ich freue mich darüber. Du schreibst wie ein Kind.« Ich schreibe ihr auch einen Brief: »LIEBE FINE DU BIST JA TOLL.« Sie sagt: »Schreibst du so – so mit Buchstaben – ich auch.« Sie legt ihren Kritzelbrief weg und schreibt mit Großbuchstaben »FINE« ab. Ich staune bewundernd: »Du schreibst ja wie eine Lehrerin.« Sie sagt: »Mm, ja.« Josefine achtet meinen Brief, wie ich ihren Brief achte und daraus entsteht bei ihr der Wunsch, auch wie eine Lehrerin zu schreiben und ich kann ihr dabei helfen. Sie befindet sich in der Zone der nächsten Entwicklung. Sie ändert ihr Motiv. Nur ein Lehrer der weiß, dass sie auf der Stufe der Symbolik ist, nur ein Lehrer der weiß, dass die nächste Entwicklungsstufe der Zeichengebrauch ist, nur ein Lehrer der weiß, dass sie auf diese nächste Stufe nicht ohne seine Hilfe kommt, ahnt was möglich wird und wagt mit dem Kind den Sprung in die Zukunft, der immer ungewiss ist. Josefine hätte meinen Brief wegwerfen können, sie hätte z.B. sagen können: »So nicht – so wie ich sollst du schreiben.« Dann hätte ich gesagt: »Ich will es versuchen« und hätte gekritzelt. Ich hätte mich in dem Augenblick auf das Rollenspiel, auf ihr aktuelles Entwicklungsniveau, eingelassen. Vielleicht hätte sie danach den Wunsch gehabt, zu schreiben wie ich. Manche Lehrer glauben, dass sie ohne Entwicklungspsychologie und ohne das Wissen über den Lernweg auskommen. Ich höre oft den Satz: »Ich verlasse mich auf meinen Bauch.« Doch im Bauch ist nicht mehr und nicht weniger, als was im Kopf ist. Es ist nichts im Verstand, was nicht in den Sinnen ist, und es ist nichts in den Sinnen, was nicht im Verstand ist. Der Sprung zur nächsthöheren Entwicklungsstufe gelingt dem werdenden Menschen nur, wenn er auf jeder Stufe seinen dunklen Drang und seine staunende Bewunderung mit einem anderem Menschen und seinem kulturellen Erbe teilen kann. Immer wenn die Dissonanz zwischen Lehrenden und Lernenden überschüssig ist, gehen sie durch eine Krise, deren Lösung als Katharsis – das ist die Umstrukturierung der Psyche – erlebt wird.

Für Vygotskij bedeutet Krise ein Entwicklungssprung, der sich in der Veränderung der Bedürfnisse und Strebungen, die das Verhalten des Kindes antreiben, zeigt.

Die Krise des Einjährigen, des Dreijährigen, des Siebenjährigen, des Dreizehnjährigen, des Siebzehnjährigen verlaufen je nach psychologischer Altersstufe und der kulturhistorischen Situation unterschiedlich. Auf dem Weg der Menschwerdung sind sie aber immer der sichtbare Ausdruck der Sprünge von einer Entwicklungsstufe auf die nächsthöhere Entwicklungsstufe. Die Erwachsenen erkennen diese notwendige Krise dankbar, freudig, bewundernd an, wenn sie den Sinn der Krise begreifen. Den Sprung muss jedes Kind auf jede Stufe allein wagen (Vygotskij 1987, S. 163ff.).

Wichtig ist, dass ihm niemand im Wege steht, die Sicht nimmt oder einen Knüppel zwischen die Beine wirft.

Wenn eine Mutter sagt: »Unser Kind ist in der Trotzphase«, dann hat es einen anderen Klang, als wenn eine Mutter sagt: »Mein Kind macht gerade den mutigen Sprung vom Kleinkind zum Vorschulkind.«

Wenn eine Person sagt: »Ich bin in der Krise«, ist das nicht die Katastrophe, wenn die Krise gemeistert wird. Krisen, das wissen wir, sind *die* Meilensteine auf unserem Weg der Menschwerdung, ohne Krisen gäbe es keine Entwicklung.

Stufe des Säuglings – das gemeinsam geteilte Empfinden und Wahrnehmen

Das Wollen – der dunkle Drang

Wenn Mutter und Säugling den aktuellen dunklen Drang nach Saugen und Stillen, nach Nähe und Distanz, Wachen und Schlafen und Körperpflege lustvoll teilen, kultivieren sie den physiologischen Dialog zu einem psychologischen Dialog. Die Mutter und der Säugling bringen sich singend, schaukelnd, tanzend und lachend in physiolo-

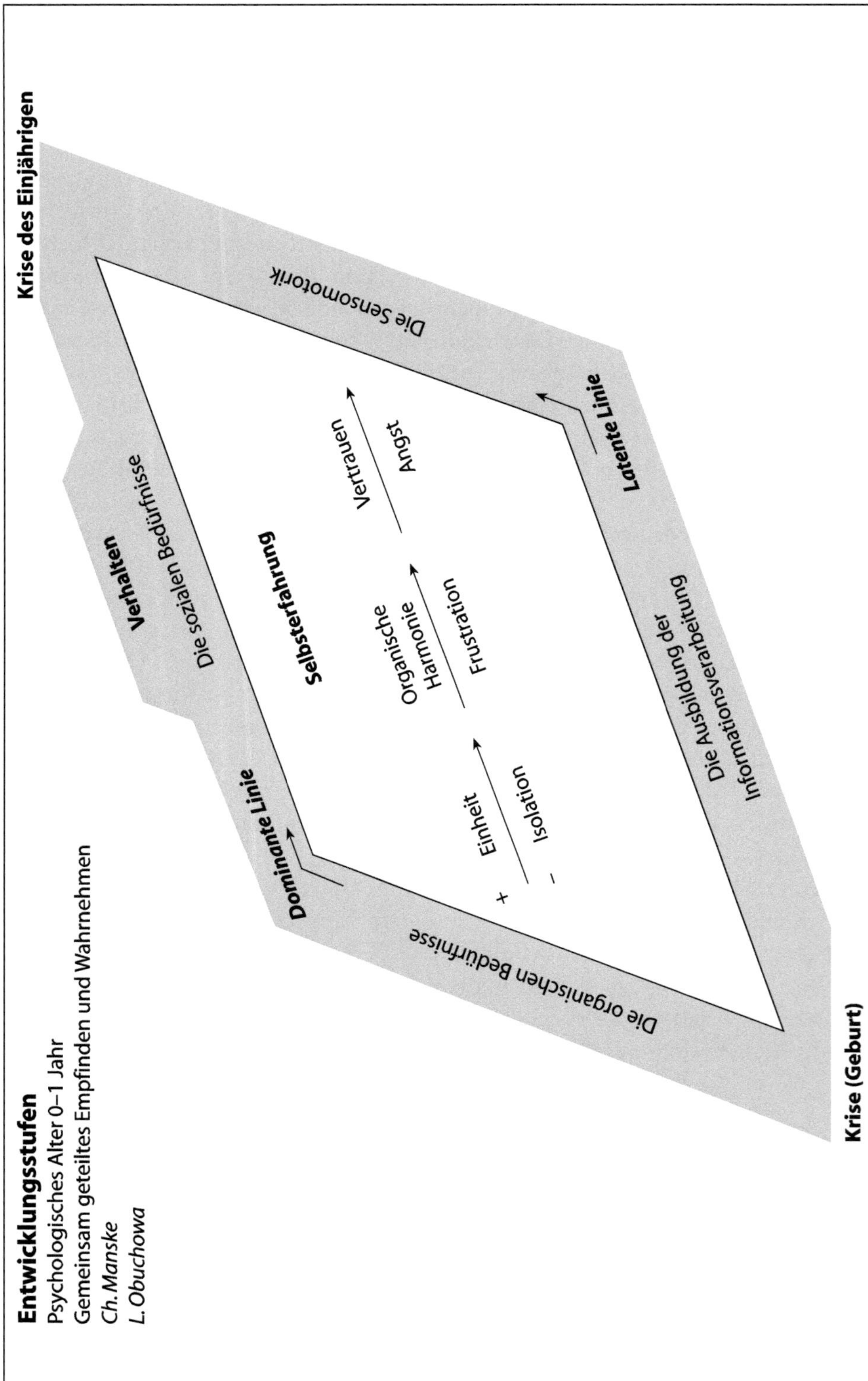
Entwicklungsstufen
Psychologisches Alter 0–1 Jahr
Gemeinsam geteiltes Empfinden und Wahrnehmen
Ch. Manske
L. Obuchowa
Krise (Geburt)
Krise des Einjährigen
Die organischen Bedürfnisse
Die Sensomotorik
Verhalten
Die sozialen Bedürfnisse
Die Ausbildung der Informationsverarbeitung
Dominante Linie
Latente Linie
Selbsterfahrung
+ Einheit
– Isolation
Organische Harmonie
Frustration
Vertrauen
Angst

gische und psychische Harmonie. Für autistische Kinder und deren Mütter stellt sich die Harmonie nicht ein, sondern beide bleiben einsam in ihrer Angst. Ein einziger geteilter Augenblick (Kaufmann 1984), ein vorsichtiges Widerlächeln des Kindes, ist wie ein Funken Hoffnung in der Asche.

Das Können – die staunende Bewunderung

Schritt für Schritt lernt der Säugling seine Sinne zu synchronisieren und mit seinen Bewegungsabläufen zu koordinieren. Mutter und Säugling verändern – Distanz und Nähe, das Kind lernt zu krabbeln und zu stehen – die Nahrungsaufnahme, das Kind lernt aus der Flasche zu trinken – den Schlaf- und Wachrhythmus, Mutter und Kind passen sich zunehmend aneinander an. Mit Hilfe von Übergangsobjekten lernt das Kind auf die Mutter zu verzichten. Auf die Brust, wenn es einen Schnuller im Mund hat. Auf den Gesang, wenn es eine Rassel in der Hand hat. Auf ihren wärmenden Körper, wenn es einen Teddybär in den Arm nimmt. Mit den vertrauten Objekten spielt es mit Begeisterung sein Wegwerf-Wiederfinden-Spiel, wobei anfangs die Mutter immer und immer wieder den Gegenstand zurückgibt, bis es gelernt hat, ihn sich selbst zu holen. Die neun Monate alte Anna zieht die Tischdecke heran, auf der die Torte steht. Die Tischrunde und Anna sind erfüllt vom Staunen über diese Intelligenzleistung, obwohl sich der Kaffee auf der weißen Tischdecke verteilt.

Die Selbsterfahrung des Säuglings

Positive Selbsterfahrung, d.h. physiologische und psychische Harmonie, erlebt der Säugling, wenn er auf der Stufe des gemeinsam geteilten Körpers durch das dunkle Gedrängtsein die Einheit mit der Mutter erfährt. Das harmonische Kind ist in der Lage, Neugierde zu entwickeln.

Der zehn Monate alte Nils versetzte seine Großmutter in Staunen, als er mit strahlendem Gesicht im Wohnzimmer vor ihr stand, obwohl sie ihn zum Schlafen in sein Gitterbett gelegt hatte. Durch die Gitterstäbe hindurch hatte er einen Hocker an sein Bett herangezogen. Im Bett hatte er seine Decke und sein Kopfkissen aufgetürmt. Jetzt war der Weg frei.

Negative Selbsterfahrung, d.h. physiologische und psychische Disharmonie, erlebt der Säugling, wenn sich auf der Stufe des gemeinsam geteilten Körpers ein gemeinsames dunkles Gedrängtsein nicht einstellt und er Isolation und Frustration erfährt. Das disharmonische Kind lebt einsam in ständiger Angst und Wut.

Die siebenjährige Ingrid, die weder laufen noch sprechen kann, keine Übergangsobjekte nutzt, kratzt und beißt ihre Mutter, wenn diese sie füttern will oder auf den Arm nimmt, um sie in den Rollstuhl zu setzen. Manchmal weint sie, bis sie einschläft. Der Mutter gelingt es nicht, mit ihr Harmonie zu erleben.

Das Motto für den Säugling lautet: »Komm mir nicht zu nah – doch bleib mir nicht zu fern.« Das Nähe-Distanz-Problem müssen auch erwachsene Partner ständig kultivieren.

Die Krise des Einjährigen – die Aufhebung der physischen Einheit von Mutter und Kind

Boris trägt einen ramponierten Helm. Wenn er seine Mutter nicht spürt, dann schlägt er seinen Kopf gegen die Wand oder er nimmt den erstbesten Gegenstand und schlägt diesen gegen seinen Kopf. Am liebsten sitzt er im Schoß der Mutter. In der Schule wird er in die Schaukel geschnallt oder in die Kuschelecke gesetzt. Wenn er zu sehr schreit, muss seine Mutter ihn abholen. In dem für seine Symptomatik gegründeten Institut springt er Trampolin. Die Ärztin muss ihn sedieren, damit er aufhört zu schreien und zu schlagen. Seine Verletzungen sind für seine Umwelt unerträglich.

Boris war erst fünf Mal in meiner Praxis. Wenn er Plastikbälle in eine Muffinform legt, wenn er eine Pyramide aus Plastikringen baut, wenn er Megablocks zusammensteckt oder eine Plastikkette Glied für Glied zerlegt, wenn er seinen Kopf auf das ihm adäquate Übergangsobjekt – ein Löwe – legt, dann schlägt er sich nicht an seinen Kopf. Mit Hilfe der Gegenstände kann er auf den direkten Körperkontakt zeitweise verzichten. Er summt das Lied: »Hänschen klein ging allein in die weite Welt hinein ..., aber Mutter weint so sehr hat ja nun kein Hänschen mehr. ...« Seine Mutter sitzt ihm gegenüber und Boris lacht. Nur wenn Boris wieder einsam ist, ohne seine Mutter, ohne Spielzeug, ohne Übergangsobjekt oder eine Person, die mit ihm gemeinsam geteilt tätig ist, dann ist er darauf zurückgeworfen, seinen Kopf (sein einziges Material) gegen die Wand (sein einziges Werkzeug) zu schlagen. Das Subjekt muss sich gleichzeitig Objekt sein. Nur ein Kind, das die Einheit mit einem anderen Menschen erfahren hat, kann die Erfahrung der Zweiheit – Ich und Du – entwickeln.

Kinder, die unter der Bedingung schwerer Behinderung leben, sind diejenigen, die die Krise des Einjährigen nicht bewältigen konnten. Das Kind sollte die Entwicklungsstufe gemeinsam geteilter Körper aufzuheben lernen. Nur in der gemeinsam geteilten Tätigkeit mit Objekten kann es sich als Subjekt in die Welt setzen und sich diese objektiv machen. Die gemeinsam geteilte Tätigkeit mit Objekten ist für den Erwachsenen mühsam, wenn das Kind sich ganz anders verhält, als er es erwartet. Rainer hatte Angst vor Ernie und Bert mit ihren großen Augen. Agnes hatte Angst vor allem, was samtig ist. René hat Angst vor Wasser. Es ist für die Erwachsenen einfacher, ein Kind an sich zu drücken, es ist leichter es auf den Schoß zu setzen, zu küssen, zu streicheln, manchmal mit Gewalt, manchmal, um sich selbst zu befriedigen, als mit ihm gemeinsam geteilt tätig zu sein.

Der flügge gewordene Säugling signalisiert der Mutter, dass er nicht ihr gehört, sondern ein Subjekt ist. Ich denke, dass der Dichter Khalil Gibran Worte für jede Mutter gefunden hat, die diese schmerzhafte Ablösung anzunehmen hat:

»Eure Kinder sind nicht eure Kinder. Es sind die Söhne und Töchter von des Lebens Verlangen nach sich selber. Sie kommen durch euch, aber nicht von euch; und sind sie auch bei euch, so gehören sie euch doch nicht. Ihr dürft ihnen eure Liebe geben, doch nicht eure Gedanken. Denn sie haben ihre eigenen Gedanken.« (Gibran 2002, S. 22)

Stufe des Kleinkindes – das gemeinsam geteilte Agieren mit Objekten

Das Können – die staunende Bewunderung

Wenn Mutter und Kind als Subjekte die staunende Bewunderung im Umgang mit Objekten teilen, lernt das Kind zunehmend die Gegenstände, mit denen es zuerst nur hantiert hat, als Kulturgegenstände zu benutzen. Florian ist zwölf Monate alt. Ich habe seinen Zeigefinger geführt und gemeinsam haben wir auf dem Keyboard Lieder gespielt. Seine Eltern haben es mit nach Hause genommen und auf den Teppich gelegt. Als Florian es sieht, krabbelt er ganz allein zum Instrument und spielt abwechselnd mit beiden Händen.

Erfahrungsbericht
Florian war in einem Alter (11 Monate), als er sich mit mehr oder weniger Mühe selbstständig rollen konnte, aber noch keine Idee hatte, dass man auch von allein vorwärts kommen kann. Zusammen mit der bei ihm ziemlich ausgeprägten muskulären Hypotonie wurde nicht die Welt von ihm erkundet, sondern die Welt wurde von seinen Bezugspersonen zu ihm gebracht, um von ihm in Augenschein genommen zu werden. Die ersten Erfahrungen, selbst etwas bewirken zu können, Töne produzieren zu können, brachten ihm einen neuen Bewegungshorizont. Auf einem kleinen elektronischen Piano konnte Florian durch einfache Fingerbewegungen Töne spielen (Abb. 6, S. 55). Sein Interesse für diese Tätigkeit war so groß, dass es ihm die Anstrengung wert war, zu versuchen, das Instrument zu erreichen, wenn es außerhalb seines Aktionsradius war. Damit war das Robben für ihn entdeckt.

Als der zweijährige Boris, der es durch Trisomie 21 und durch eine autistische Symptomatik besonders schwer hat, in meine Praxis kam, zeigte er zwei Verhaltensweisen: Meistens zipfelte er an seinem Halstuch und wenn ich Püppchen, Stofftiere, Kissen usw. vor ihm ausbreitete, pfefferte er sie durch den Raum.

Ich warf die gleichen Gegenstände nicht nur in dieselbe Richtung, sondern widmete ihnen außerdem meine Aufmerksamkeit, indem ich sie mit einer Zeigegeste verfolgte. Boris und ich schauten ihnen daraufhin nach. Der Beziehungsaufbau zweier Subjekte entsteht beim gemeinsamen Hantieren mit Objekten nur, wenn die Tätigkeit mit der gemeinsam geteilten Aufmerksamkeit begleitet wird. Wenn wir alle Gegenstände im Raum verteilt hatten, klatschte ich in die Hände und staunte: »Alle alle, Alle alle«. Später sammelten wir die Gegenstände Hand in Hand wieder zusammen, um sie wiederum lustvoll umeinander zu schmeißen.

Boris begann nun selbstständig, den Gegenständen mehr Aufmerksamkeit entgegenzubringen. Bevor er sie wegschmiss, nahm er sie in den Mund, tastete sie mit den Händen ab und schaute sie einen Augenblick an. Das war die Bedingung dafür, dass er lernte, Bauklötze und Bälle nach Farben zu sortieren. Es dauerte noch drei

Entwicklungsstufen
Psychologisches Alter 1–3 Jahre
Gemeinsam geteiltes Agieren mit Gegenständen
Ch. Manske
L. Obuchowa

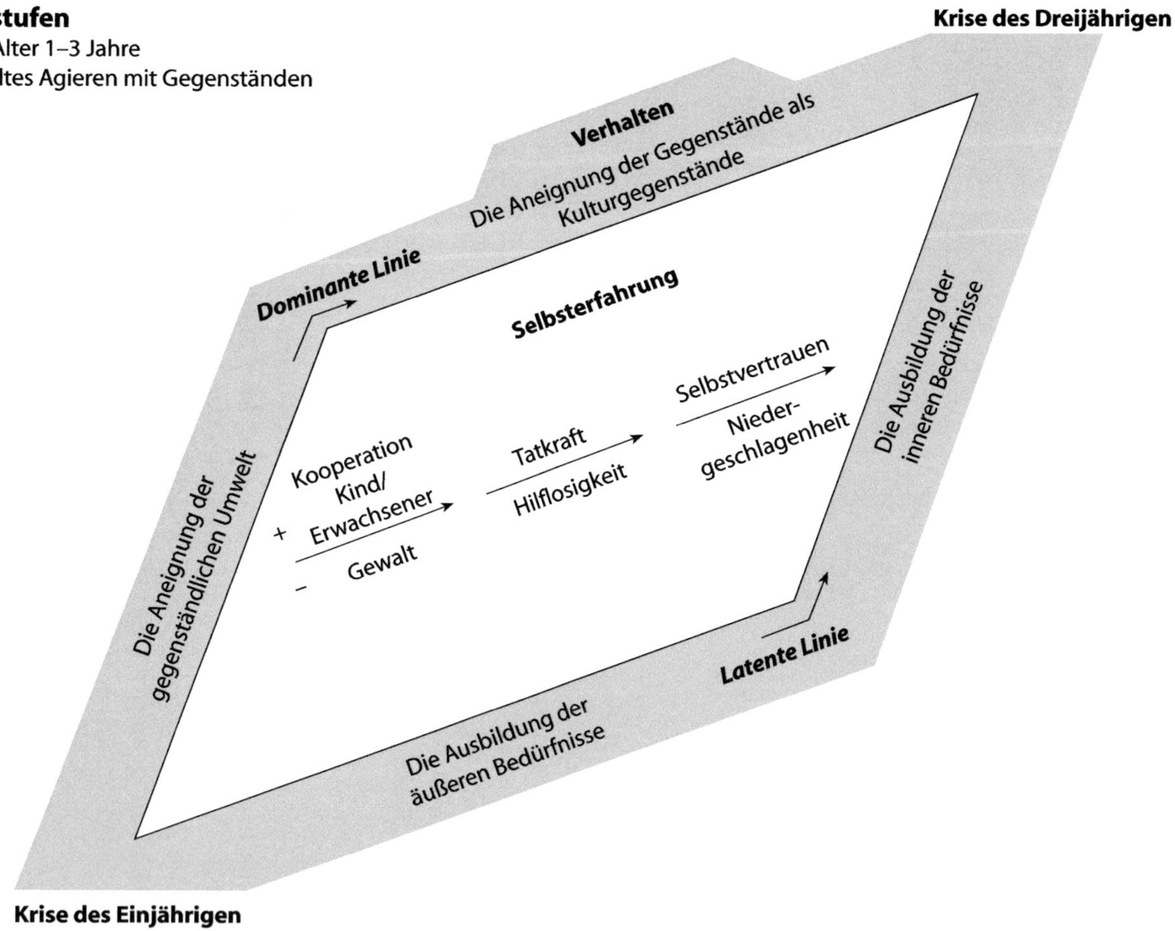

Abb. 6

Monate, bis Boris zunehmend in der gemeinsam geteilten Tätigkeit mit den Erwachsenen den Gegenstandsgebrauch seiner kulturellen Umgebung anpasste: Mit dem Löffel essen wir, aus dem Becher trinken wir, die Schuhe ziehen wir auf die Füße, mit den Buntstiften malen wir, mit den Klötzen bauen wir, nur die Bälle werfen wir. Es ist wichtig, die Handlung des Kindes anzuerkennen und sie notfalls, wenn sie nicht den erwarteten Erfolg gebracht hat, umzudeuten.

Ich breche beim Entenfüttern das harte Brot ab. Boris wirft es der Ente hin. Wenn die Tätigkeit gelingt, sage ich: »Das schmeckt ihr. Die Ente will noch mehr ... noch mehr!«, oder wenn sie nicht gelingt: »Die Ente hebt sich das Futter für später auf – kluge Ente.«

Im Allgemeinen verläuft die Entwicklung des Gegenstandsgebrauchs beim Kleinkind (Obuchova 2001) in vier Stufen

1. Zuerst ist Phillip von den Gegenständen affiziert und reagiert planlos (Abb. 7).
2. Er nimmt sich Zeit den Gegenstand kennen zu lernen, indem er zögert – ihn in den Mund steckt, abtastet, anschaut (Abb. 8).
3. Er wiederholt die Handlungen, die das größte gemeinsam geteilte Staunen hervorrufen.
4. Er baut mit einem Erwachsenen, durch die Bekräftigung jeder einzelnen Handlung, die Orientierungsgrundlage für den Handlungsablauf bis zur Erfüllung des Handlungsziels auf (Abb. 9).

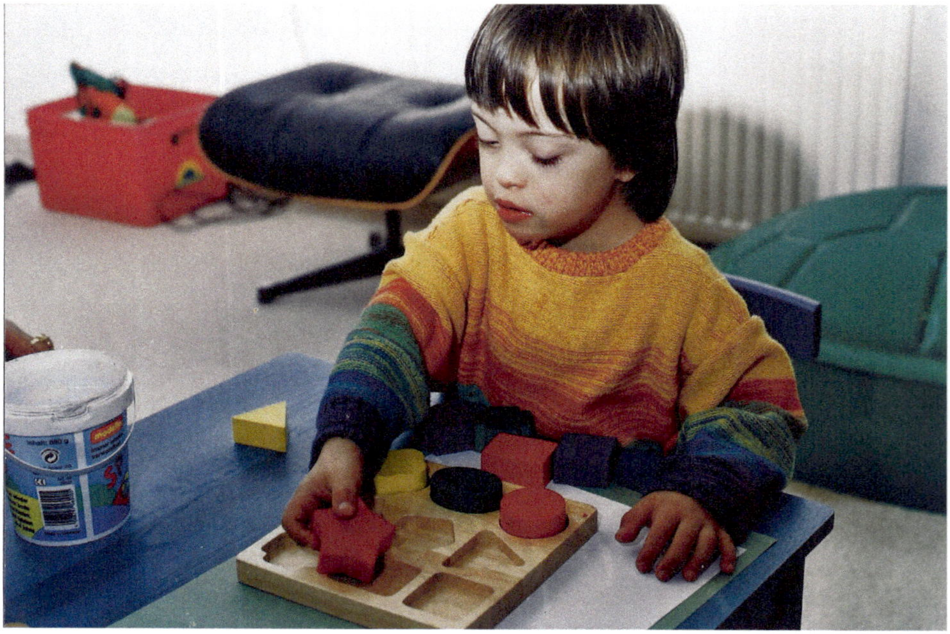

Abb. 7

Abb. 8

Wenn das Kleinkind gelernt hat die Kulturgegenstände adäquat zu benutzen, versucht es, zunehmend eigene Handlungspläne mit ihnen zu erproben. Es verweigert immer häufiger die gemeinsam geteilte Tätigkeit. Lisa sagte: »Meine Schuhe – du nicht – ich ganz alleine ...« »Kein Puzzle – Puzzle nicht – Ball spielen, und du sollst fangen.«

Das Kind lernt sein selbstständiges Handeln nur, wenn es in seinem Handlungsplan möglichst nicht gestört wird und wir ihm helfen, den letzten Schritt zum Erfolg zu gehen. Wenn das Kind den Wunsch hat mit der Eisenbahn zu spielen, können wir ihm als Handlanger dienen, aber seinen Handlungsplan und den letzten Schritt zum Erfolg dürfen wir ihm nicht nehmen, das heißt z.B. das Kind gibt uns Anweisungen, wie es sich den Aufbau der Gleise vorstellt und es bedient als Erster den Schalter, der die Bahn in Bewegung setzt.

Abb. 9

Das Wollen – der dunkle Drang

Wenn das Kind im Kleinkindalter den Umgang mit den Kulturwerkzeugen erlernt, dann entwickelt es seine Bedürfnisse in der äußeren Umwelt und lernt, diese mit Lustobjekten zu verbinden.

Als der zweijährige Nils seinen Jogurt aufgegessen hatte, sagte er zu seiner Mutter: »Mama, mehr ...« Die Mutter gab ihm einen Keks mit dem Kommentar:« *Ein* Jogurt reicht.« Nils antwortete: »Nein, Mama, noch einen.« Doch die Mutter blieb bei ihrem Entschluss und verließ das Kinderzimmer. Im Kinderzimmer wurde es plötzlich so still, dass die Mutter nachschaute. Nils aß seelenruhig den zweiten Jogurt und im Kühlschrank lag dort, wo vorher der Jogurt stand, der Keks. Die Mutter staunte über die Tatkraft ihres kleinen Berserkers: »Dich hält wohl gar nichts auf.«

Die Selbsterfahrung des Kleinkindes

Positive Selbsterfahrung, d.h. die Freude über das Gelingen der gemeinsamen Tätigkeit, entwickelt das Kleinkind, wenn seine Eltern mit ihm lustvoll die gemeinsame Tätigkeit teilen und das Gelingen mit Staunen bekräftigen.

Wichtig ist, dass die Eltern im Umgang mit Gefahren, wie z.B. Straßenverkehr, Feuer, heißem Wasser, scharfen Gegenständen usw. Fantasie entwickeln und möglichst auf Bestrafung verzichten. In diesem Alter verstehen die Kinder die Verneinung noch nicht: »Lauf nicht über die Straße!«. Sie verstehen aber: »Auf der Straße gehen wir Hand in Hand.« Das anerkannte Kind entwickelt Selbstständigkeit und Tatkraft.

Negative Selbsterfahrung, d.h. Unterdrückung seiner Aktivität, macht das Kind, wenn sich auf der Stufe der gemeinsam geteilten Tätigkeit Kooperation und Gelingen nicht einstellen, d.h. die Eltern handeln selbst für die Kinder (overprotectiv), sie unterbrechen die Handlung der Kinder oder bestrafen die Kinder für ihre Handlungen. Scheitern und Misserfolg sind alltäglich. Das unterdrückte Kleinkind, das in ständiger Hilflosigkeit und Orientierungslosigkeit lebt, entwickelt Destruktivismus, mangelnde Aufmerksamkeit, Unberechenbarkeit und Niedergeschlagenheit, was zurzeit als ADS-Syndrom bezeichnet wird.

Das Motto für das Kleinkind lautet: »Lass mich den letzten Schritt zum Erfolg gehen.«

Die Krise des Dreijährigen – die Trotzphase – die Aufhebung der psychischen Einheit von Mutter und Kind

Mit Hilfe der egozentrischen Lautsprache ist das selbstständige, tatkräftige Kind in der Lage in den Widerstand zu den Erwartungen der Erwachsenen zu gehen. Es trotzt. Es riskiert das »Nein«, obwohl das »Ja« viel einfacher wäre. Die Eltern täten gut daran, diese ungeschützte Leistung immer wieder zu respektieren und zu bestätigen. Es wäre auch für sie eine Chance, zu lernen, sich gegen familiären und gesellschaftlichen Druck zur Wehr zu setzen.

Als Josefines Mutter ihr zweites Kind erwartete, wurde ihr von den Ärzten verordnet, dass sie wenigstens bei ihrem zweitem Kind eine Fruchtwasseruntersuchung durchführen lassen müsse. Sie sagte zu mir: »... dann wäre es auch ein Fehler gewesen, Josefine in die Welt zu setzen.«

Bewusste Eltern, wie Josefines Mutter, helfen dem Kind einen Entwicklungssprung zu machen. Sie zeigen dem Kind, dass sie mit seinem Nein leben können und die Differenz anerkennen. Wenn es dem Kind erlaubt wird, seine Unlust auszudrücken, kann es mit Hilfe der Sprache auch seine eigenen vom Wahrnehmungsfeld unabhängigen Bedürfnisse entwickeln.

Stufe des Vorschulkindes – das gemeinsam geteilte Symbolisieren

Das Wollen – der dunkle Drang

Das Vorschulkind hat gelernt, zielstrebig und tatkräftig zu agieren. Es kann seinen Eltern seinen Eigensinn abtrotzen und seine Bedürfnisse zur Sprache bringen. Es hat die psychische Einheit mit der Mutter aufgehoben und die Krise gemeistert. Als eigenständige Person erkennt es, dass es seine Mutter verlieren kann und selbst noch

Entwicklungsstufen
Psychologisches Alter 3–7 Jahre
Gemeinsam geteiltes Symbolisieren
Ch. Manske
L. Obuchowa

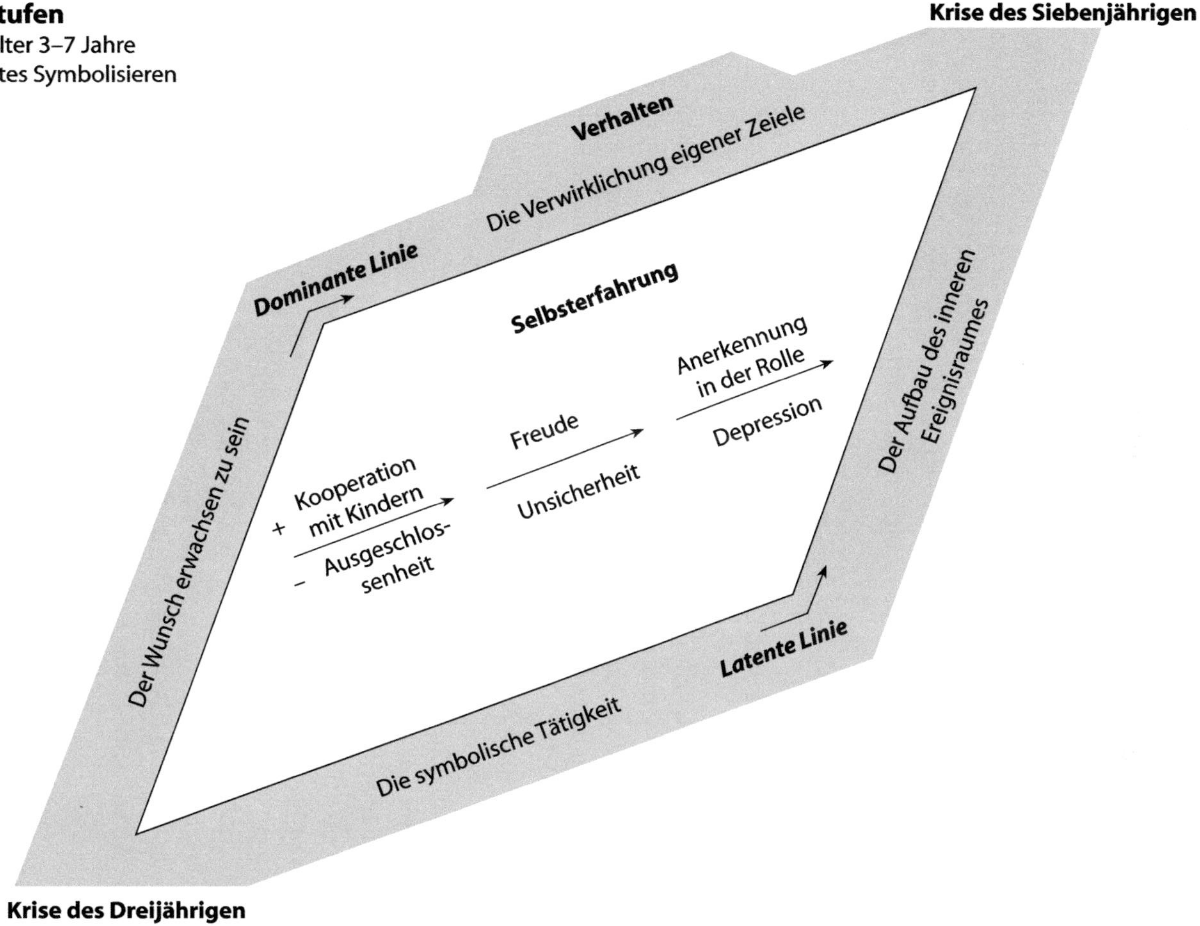

klein ist. Das Kind drängt es, wie ein Erwachsener zu sein. Das bedeutet mehr zu sein und zu wollen, als ihm seine aktuellen Fähigkeiten erlauben. Mit Hilfe von Mythenbildung kann es seine Ängste und die Diskrepanz zwischen seinen Träumen und der Wirklichkeit schöpferisch überwinden. Es möchte wenigstens im Fasching Zorro sein. Es möchte wie im Zirkus »Roncalli« Löwe oder Clown sein. Es möchte Theater spielen und sich als Pippi Langstrumpf oder Hexe verkleiden. Die Kinder saugen Märchen auf, wie der Schwamm das Wasser. Der kleine Däumling übersteht alle Gefahren, die ausgestoßenen Kinder Hänsel und Gretel meistern ihr Schicksal, Aschenputtel findet ihren Prinzen usw. Ich kannte ein Märchen der Gebrüder Grimm mit fünf Jahren auswendig. Das kleinste Geißlein hatte alle gerettet. »Der Wolf ist tot, der Wolf ist tot«, sangen die sieben Kinder mit der Mutter. Der zweite Weltkrieg war vorbei.

Das Können – die staunende Bewunderung

Das Vorschulkind kann seine Träume verwirklichen, indem es die Gegenstände seiner Umwelt mit Hilfe seiner Sprache umbenennt. Der Stuhl wird zum Auto, der Karton zum Schiff »Kapitän Ahoi«. Es lernt mit Hilfe symbolischer Aktionen sich die Wirklichkeit anzueignen, indem es sie im Rollenspiel nachahmt, sie in Liedern besingt, in Tänzen ausdrückt, in gemalten Bildern festhält und in gekneteten und gebastelten Miniaturen formt. Am Computer steuert es Figuren in einer virtuellen Welt. Es lernt unter Anleitung Bilderbücher zu betrachten und sich für Zeichen zu interessieren.

Mich bereitete Tante Grete vom Entschiedenen Christentum auf die Schule vor. Sie sang mit uns so »schöne« Lieder wie: »Großer Herr Zebaoth, du bist der Siegesfürst«, »Ich weiß einen Strom dessen herrliche Flut«. Sie spielte mit uns »Katz und Maus«, »Wir kommen aus dem Morgenland, die Sonne hat uns schwarz gebrannt« und »Wer fürchtet sich vorm schwarzen Mann?« Wir mussten auch Moses, Jesus und Gott lesen. Meine Schwester zeigte mir, wie schon beschrieben, immer, wo ich den Finger hinhalten musste. Auf eine Grabsteinplatte aus Schiefer, meine erste Tafel, schrieb ich mit einem Nagel Wörter aus der Bibel ab. Zum Erntedankfest hatte Tante Grete mit uns ein Theaterstück eingeübt. Ich war die grüne Bohne. Ich liebte Tante Grete. Als ich in die Schule kam, konnte ich fließend lesen. Meine Lehrer staunten.

Die Selbsterfahrung des Vorschulkindes

Positive Selbsterfahrung, d.h. sich mit Optimismus in die Welt zu setzen, macht das Vorschulkind, wenn es gemeinsam mit anderen Kindern und Erwachsenen in seinen symbolischen Aktionen Anerkennung erfährt. Es ist zunehmend in der Lage eigene Wünsche und Zielvorstellungen zu bilden und zur Sprache zu bringen.

Der vierjährige Steffen wollte Soldat sein. Da beide Großväter im Krieg gefallen waren, wollte seine Mutter ihm kein Kriegsspielzeug schenken. Der Pazifismus der

Mutter nahm ihm seine Ängste nicht. Die anderen Kinder aus der Straße hatten Gewehre und Pistolen. Seine Tante kaufte ihm zwei Winchester und eine Pistole. Steffen hängte sich auf jede Schulter ein Gewehr und hielt die Pistole im Anschlag. So stand er auf der Straße und wartete auf Freund und Feind. Als die anderen Jungen ihn bestaunten, sagte er: »Hier Leute, sucht euch aus, was ihr braucht.« Die zwei Jungen nahmen jeder eine Winchester. Steffen behielt die Pistole. Tot oder lebendig war einerlei, die Hauptsache war, dass die Jungen mit ihm und mit seinen Sachen spielten. Moralpredigten helfen nicht, Ängste zu überwinden. Kinder sehnen sich danach, dass wir ernsthaft und lustvoll ihre Träume und Ängste teilen, ihnen helfen, sie in der symbolischen Aktion zum Ausdruck zu bringen und zu kultivieren. Ängste können sich nur im Affekt als Gewalt äußern, wenn sie nicht symbolisiert sind. Einen Monat später malte Steffen ein Bild mit circa hundert Soldaten und sagte zu seiner Mutter: »Mutti, guck mal. Jetzt haben sie Frieden gemacht.«

Kim wollte Prinzessin sein. Als Prinzessin brauchte sie goldene Schuhe. Ich suchte sie in Hamburg, in München, in Dublin, in London und fand sie endlich in Colombo – aus Plastik für 6 DM. Da die Kinder in Sri Lanka schmale Füße haben, passte sie nicht hinein. Es schien aussichtslos, sie anzuziehen. Doch plötzlich stand sie auf, sie hatte sie sogar über die Wollsocken gezogen und stakste durch den Alsterpavillon. Alle Gäste sollten die Prinzessin sehen. »Ruckediguh, Ruckediguh, kein Blut ist im Schuh, der Schuh ist nicht zu klein, die rechte Braut, die führt er heim.« Eine Frau am Nachbartisch sagte zu mir: »Zu kleine Schuhe verderben den Fuß.« Sie konnte nicht wissen, dass dort gerade Aschenputtel auf ihren Prinzen wartete.

Negative Selbsterfahrung, d.h. Trauer und Pessimismus, erlebt das Kind, wenn es aus der Spielgemeinschaft ausgeschlossen wird, keine Rolle findet, in der es lustvoll agieren kann und keine Wunschträume entwickelt. Dann erstummen seine Ansprüche an die Welt.

Karla kam zu mir in die Praxis, weil sie sich, außer mit ihren Eltern, weigerte laut zu sprechen. Die Mutter klagte über Karlas Unordnung und ihr freches Verhalten der Oma gegenüber. Am ersten Tag kratzte sie mit einem Nagel tiefe Rillen in den Tisch. Ich gab ihr einen Fragebogen, bei dem auf der linken Seite nur negative Eigenschaften standen und auf der rechten Seite nur positive. Sie durchschaute schnell, was ich wissen wollte, als ich sie bat ihre und die Eigenschaften ihrer Eltern anzukreuzen. Sie zog einen geraden Strich durch alle positiven Eigenschaften und sagte: »Das sind meine Eltern.« Dann zog sie einen Strich durch alle negativen Eigenschaften und sagte: »Das bin ich und das bist du.« Ich entgegnete: »Die anderen Kinder streichen immer nur bei sich die guten Eigenschaften an, und sie sehen bei ihren Eltern und Lehrern und Freunden die schlechten Eigenschaften. Du bist das erste Kind in meiner Praxis, das von sich behauptet, nur schlechte Eigenschaften zu haben. Gute Eltern haben auch gute Kinder.« Karla weinte bitterlich. Sie wünschte sich, weil sie ein Einzelkind war, sehnlichst zwei Zwerghasen. Die Eltern erfüllten ihr den Wunsch. Sie nannte die Hasen Muffel und Hoppel. Doch nach den Ferien erfuhr ich, dass die Eltern die Hasen wieder abgegeben hatten, weil Karla den Stall nicht säuberte und sie auch nicht regelmäßig fütterte. Wir sprachen darüber. Ich sagte zur Mutter und zu Karla: »Deine Eltern hatten drei Möglichkeiten. Sie konnten dir immer und immer wieder sagen, dass du dich um die Hasen kümmern sollst. Aber du hast es nicht geschafft. Deine Eltern hätten selbst den Stall sauber machen können und die Hasen füttern können. Sie hätten es auch hin und wieder heimlich machen können. Mit ihrer Hilfe hättest du es vielleicht geschafft.« Ich fragte Karla: »Welche von den drei Möglichkeiten findest du am besten?« Karla schwieg. Dann wandte ich mich an die Mutter. Die Mutter antwortete: »Ich finde die dritte Lösung am besten. Ich hätte es hin und wieder heimlich machen sollen. Dann hätte Karla es etwas leichter gehabt, aber ich bin nicht darauf gekommen.« Dann sagte ich zu Karla: »Jetzt weißt du auch, weshalb du nicht sprichst. Wenn du z.B. gesagt hättest, dass es das Beste gewesen wäre, wenn deine Eltern dir geholfen hätten, dann hättest du sie vielleicht enttäuscht und du hast gedacht, dass deine Mutter das nicht gerne gehört hätte. Hättest du aber gesagt, die beste Lösung war die, die Hasen wegzugeben, dann hättest du gelogen und lügen sollst du auch nicht. Und dann hast du geschwiegen und schweigen sollst du auch nicht. Das ist der Grund, weshalb du hier in der Praxis bist.« Nachdem die Eltern erkannt hatten, dass Karla zwar ein hoch begabtes Kind ist, aber dass sie allein noch keine Ordnung halten konnte und noch auf Hilfe angewiesen war, akzeptierte Karla sich selbst als klug, liebenswert, zielstrebig und liebesfähig. Es dauerte nicht lange und Karla meldete sich in der Schule und spielte sogar bei einem Theaterstück mit. Selbst für ein so hübsches, kluges, handlungsstarkes Kind wie Karla, war es nicht möglich, eine positive Rolle zu finden. Wenn Kinder in keiner Rolle Anerkennung und Freude erfahren, sondern vielmehr Ausgeschlossenheit und Ablehnung, dann bleibt ihnen nur der Ausweg in Gleichgültigkeit, Apathie, Stummheit und Tagträumerei zu verfallen, um das Leben ertragen zu können. Das Motto für das Vorschulkind wäre meiner Meinung nach: »Erfreue dich mit mir an meinen Träumen und hilf mir, sie zu erfüllen.« Wunschlos und ohne Träume zu sein, das ist das Wesen der Depression, an der vor allem viele Frauen ein Leben lang leiden.

Die Krise des Siebenjährigen – die Aufhebung der Einheit von Selbst- und Fremderfahrung

Am Ende der Vorschulzeit erlebt das Kind die Krise des Siebenjährigen. Diese Krise ist davon bestimmt, dass die Einheit von innerem Erleben und äußerem Verhalten aufgehoben ist. Weil das Kind sein inneres Erleben nicht nach außen kehren will und kann, ist es für die Erwachsenen oft schwierig, den Kindern gerecht zu werden, wie das Beispiel Karla gezeigt hat.

Stufe des Schulkindes – das gemeinsam geteilte Denken

Das Können – die staunende Bewunderung

Das Schulkind hat die Krise des Siebenjährigen gemeistert. Es hat alle Voraussetzungen erworben, sich gemeinsam geteilt mit Lehrern und Mitschülern die Kulturtechniken anzueignen. Lesen, Schreiben und Rechnen zu können, beflügelt die Kinder so sehr, dass sie zunehmend Freude am Lernen entwickeln und allein auf sich gestellt ihr Wissen in die Tat umsetzen wollen und können. Ich hatte in der Sonntagsschule des Entschiedenen Christentums gelernt, in der Bibel zu lesen. Die Geschichte von Ruth der Ährenleserin gefiel mir, weil ich selbst eine Ährenleserin war – nur die Stoppeln piekten so. »Mit Schuhen muss das Ährenlesen Spaß bringen«, sagte ich zu meiner Schwester. Meine Oma sang, wenn sie abwusch das Lied: »Oh Haupt voll Blut und Wunden, voll Schmerz und voller Hohn, oh Haupt zum Spott gebunden mit einer Dornenkron, oh Haupt sonst schön gezieret.« Ich sagte: »Oma, wenn Pilatus uns gefragt hätte, dann hätten wir gerufen: Gebt uns den Jesus ...«. Ich saß neben Opa am Radio, als Hein ten Hoff gegen Nino Valdez boxte. »Es fehlte ein halber Punkt«, sagte mein Opa. Meine Mutter nahm mich mit auf das Torfmoor, um Ringel zu setzen. »Kreuzottern haben eine Zickzacklinie auf dem Rücken.«

Im ersten Schuljahr einer Zwergschule hörte ich dem Lehrer zu, wenn er die Großen unterrichtete. Die hatten Englisch, und ich sang: «Early in the morning are the little engines all in a row, a man on the engine pulls a little level, puff puff puff puff off they go.« Ich gab meiner Klasse Leseunterricht und bekam zur Belohnung am Ende der Woche von Herrn Schlüter eine Tüte mit Rosinen, die ich schnell ganz alleine aufaß. Eines Tages stand ich wie angewurzelt vor der Bildkarte, die Herr Schlüter für die Großen hingehängt hatte. Sie zeigte die Entwicklungsgeschichte des Menschen. Nun wusste ich, wie Adam und Eva ausgesehen hatten. Ich sehnte mich nach einem Lehrer, der mir half, hinter die Geheimnisse unserer Erde zu kommen. Meine Dorfschullehrerin, Frau Kumerow, zeigte uns Bilder von den Höhlenmenschen. Sie sammelte mit uns wilde Blumen. Sie ging mit uns zum Dorfschmied und wir guckten zu, wie ein Pferd beschlagen wurde. Sie sang mit uns jeden Tag. In der Pause spielten wir pausenlos »Ringlein, Ringlein du musst wandern«, »Ballprobe«, »Dritten abschlagen«, usw. Ich wollte Lehrerin werden wie sie. Am Ende des vierten Schuljahres bekam ich als Klassenbeste ein Schmetterlingsbuch. Ich konnte nicht aufhören, die Schmetterlinge anzuschauen und nach ihnen Ausschau zu halten, denn ich kannte ihre Namen. Das Schulkind passt sein Denken zunehmend der Wirklichkeit an.

Der Mond

Abends setzte sich Opa Emil immer auf die Bank im Hof. Er rauchte seine Pfeife. Lilli setzt sich auf seinen Schoß. Sie zeigt auf den Mond: »Opa, ich hab' ein Geheimnis. Der Mond geht nur mit mir. Jetzt steht er still am Himmel. Wenn ich losgehe, dann geht er mit.« Sie springt auf und geht auf und ab. »Siehst du Opa,

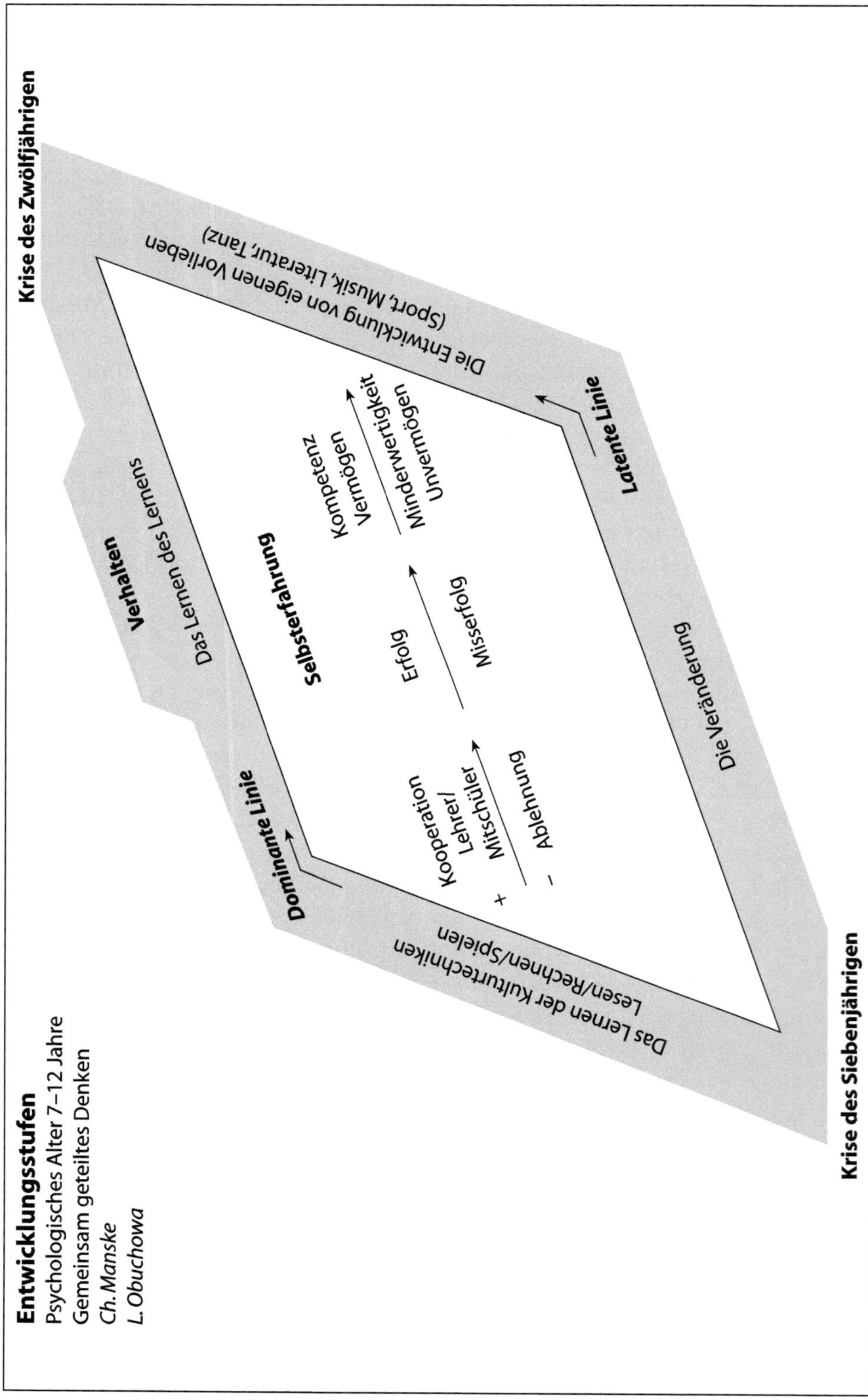
Entwicklungsstufen
Psychologisches Alter 7–12 Jahre
Gemeinsam geteiltes Denken
Ch. Manske
L. Obuchowa
Krise des Siebenjährigen
Das Lernen der Kulturtechniken
Lesen/Rechnen/Spielen
Dominante Linie
Verhalten
Das Lernen des Lernens
Selbsterfahrung
+ Kooperation
Lehrer/
Mitschüler
– Ablehnung
Erfolg
Misserfolg
Kompetenz
Vermögen
Minderwertigkeit
Unvermögen
Die Veränderung
Latente Linie
Die Entwicklung von eigenen Vorlieben
(Sport, Musik, Literatur, Tanz)
Krise des Zwölfjährigen

siehst du!« Der Opa schweigt einen Augenblick. Er nimmt Lilli in seine Arme: »Der Mond geht immer mit dir. Aber er geht auch mit jedem anderen. Als du über den Hof gelaufen bist, da ist er mit dir gelaufen und hat auf mich hier gewartet. Der Mond ist für alle Menschen da. Er gehört niemandem allein.« Lilli ist froh, dass der Mond auch mit Opa geht. Opa ist schon 74 Jahre alt. (Mann 1993, S. 16)

Der Großvater nimmt die Selbsterfahrung des Mädchens ernst und konfrontiert es gleichzeitig mit der Wirklichkeit. Weil der Großvater es liebt und es den Großvater liebt, ist es offen, seine Erklärung anzunehmen. Während das Kind zwischen dem ersten und dritten Lebensjahr lernt seine Handlungen zu kultivieren, d.h. seiner Umwelt anzupassen, lernt es jetzt seine geistigen Handlungen, d.h. sein Denken, so zu verändern, dass es der Wirklichkeit entspricht.

Der dunkle Drang – das Wollen

Die unsichtbare Linie ist geprägt, von der Sehnsucht anerkannt zu werden und nicht nur Sinn einzufangen, sondern selbst Bedeutung für andere zu erlangen. Außerdem entwickelt das Kind in dieser Zeit seine eigenen Geschmacksvorstellungen, seine eigenen Vorlieben und diese möchte es mit anderen Menschen teilen. Jedes Kind sehnt sich danach, wenn es in die Schule kommt, dass die Lehrer mit ihm kooperieren und die Mitschüler mit ihm spielen. Es ist notwendig, den Kindern Freiräume zu lassen, damit sie ihre Individualität ausdrücken können.

Meine erste Kollegin hieß Brigitta. Wir waren 21 Jahre alt. Sie gab Sachkundeunterricht im dritten Schuljahr und ich im vierten. Am Ende des Schuljahres hatten wir die Mappen eingesammelt. Ihre Klasse hatte Ringbücher mit schönen Plastikdeckeln, alle Arbeitsblätter waren von ihr sorgfältig vorbereitet. Für den Text hatte sie Linien gezogen, für die Bilder Rechtecke eingezeichnet. Alles war am richtigen Platz, geordnet, übersichtlich, sauber, vorbildlich. Als ich einige ihrer Mappen durchgeblättert hatte, versank ich vor Scham. »Meine Mappen, die sind nicht so gelungen. Sachkunde, das ist nicht mein Fach. Ich hätte keine Schnellhefter nehmen sollen ...« Sie antwortete: »Ich habe mir deine Mappen angesehen, jede einzelne ...« Sie sagte sinngemäß: »Sicher, Pilze sollte man nicht unbedingt pressen und Steine, Knochen und Federn wären in Plastikhüllen besser untergebracht.« Dann wurde sie ernst: »Jede Mappe von deinen Kindern ist anders. Es sind die Mappen der Kinder. Ich wäre nicht auf die Idee gekommen, ihnen zu erlauben, Kaugummibilder, Illustriertenbilder, Oblaten, Fotos usw. eben alles einzukleben, was für sie Sinn und Bedeutung hat. ...«

Die Selbsterfahrung des Schulkindes

Um mir ein Bild davon zu machen, wie Michael die neue Schule erfährt, frage ich ihn: »Michael, warum gehst du jetzt gerne in die Schule?« »Ich finde meine Hefte sehr schön – im Lesen bin ich der Beste – im Rechnen komme ich nach den Ferien in die bessere Gruppe. Ich kann die Reihen aufsagen. Hören Sie: 8, 16, 24, ..., 80 und ich kann es auch rückwärts 80, 72, 64, ..., 8. Ich träume nicht mehr so viel wie früher.« »Was hast du geträumt?« »Ich habe geträumt, dass ich im Flugzeug sitze, und Sie sitzen auch im Flugzeug, und die Stewardess bringt das Tablett mit dem Essen.« »Und jetzt machst du dir deine eigenen Gedanken?« »Ja – ich kann wieder ein Kind sein – ich kann sagen, dass ich lieber süßes Eis esse als Gemüse. Ich träume nicht davon, ich sage es. Ich habe wirklich einen Freund. Er heißt Thomas – aber ich frage mich, ob er wirklich mein Freund ist. Ehrlich gesagt, ich habe ihn auch schon im Stich gelassen. Ich bin einen Bus früher gefahren, obwohl ich ihm versprochen hatte, auf ihn zu warten.« Das Kleinkind passt sein Handeln der Wirklichkeit an. Das Vorschulkind träumt davon, erwachsen zu sein.

Das Schulkind, das positive Selbsterfahrung macht, passt sein Denken der Wirklichkeit an.

Nachdem Michael die Schule gewechselt hat, drückt er sich nicht mehr die Augäpfel in den Kopf und wartet auf die Traumbilder. Er will richtig lernen.

Negative Selbsterfahrung macht das Schulkind, wenn es als Versager gespiegelt wird.

Die Kinder kommen mit der Diagnose »faul, aggressiv, depressiv, verhaltensgestört, lernbehindert, geistig behindert, psychisch behindert, Milieu geschädigt« zu sein in meine Praxis. Die Wunden sind nicht verheilt und täglich erfahren sie neue Verletzungen, Aussonderung, Ritalin, Schülernachhilfeunterricht, den manche Eltern mit ihrem letzten Euro bezahlen müssen und dann zum Schluss die psychiatrische Praxis als letzte Anlaufstelle. Die Gutachten, die die Kinder beschreiben, sind in der Regel so gestaltet, dass nur das Kind und nicht in ersten Linie sein Gegenüber beleuchtet wird. In einem Gutachten las ich z.B.: »Das Kind hat große angstvoll aufgerissene Augen ... eine leicht katatone Haltung ... es spricht nicht ... es wirkt verkrampft ...« Die Viper, die mit ihrem giftigen Zahn vor ihm sitzt und es mit ihrem tödlichen Blick nicht aus den Augen lässt, fehlt in der Beschreibung.

Dennis ist isoliert. Er ist in einer Integrationsklasse. Er kann dem Unterricht nicht folgen. Als er einen Jungen in meiner Praxis würgen will, weil dieser zu ihm »Arschloch« gesagt hatte, erklärt er mir sein Verhalten so: »Ich entschuldige mich, es tut mir Leid – ehrlich – ey, ich kann das nicht ab – ich kann überhaupt nichts mehr ab – ey – ehrlich – ich kann nicht – ich versteh das nicht – die Schule ist Scheiße, Frau Manske – glauben Sie mir – ätzend – ey, langweilig – ehrlich, ganz ehrlich – es tut mir Leid – aber verstehen Sie mich – ich versteh das nicht.« »Der Tim hat ›Arschloch‹ zu dir gesagt, weil sein Vater das auch manchmal zu ihm sagt.« Dennis schmunzelt: »Ach so ist das – mein Vater kann Eminem auch nicht leiden – ich finde den cool – ehrlich cool.« Er spielt das Videoband von Eminem ab. »Finden Sie ihn auch cool?« »Für Jugendliche ist er cool. Eine Oma, die braucht Zeit.« Dennis lacht: »Hör'n Sie mal, was Eminem singt – versteh'n Sie das? – ist doch gut – ist doch cool.« »Was machst du, wenn du zu Hause bist?« »Ich spiele Fußball – allein – im Zimmer.« Dennis hat nicht mal eine Ahnung davon, was es heißen würde, ein guter Schüler zu sein. Integration, die die Kinder vom Lernen ausschließt, ist Isolation. Was ich an Dennis so bewundere, ist, dass er der Schulwirklichkeit ins Auge sieht und seinen Schmerz benennt. Inzwischen hat er fließend lesen gelernt und er schreibt wie er spricht. Er hat gute Manieren und ein ausgebildetes Sozialverhalten. Ich hoffe, dass sich nach der Schule das Blatt für ihn zu seinen Gunsten wendet. Als mein Lieblingscousin nach der vierten Klasse einer Hilfsschule die Schule verließ und mit vierzehn Jahren ins Rheinland zog, um als Hilfsarbeiter sein Geld zu verdienen, sagte meine Großmutter: »Wenn der da die richtige Freundin findet.« Er fand sie, sie war vierzehn Jahre alt. Sie sind glücklich verheiratet. Er verdiente immer genug Geld, dass seine Frau zu Hause bleiben konnte, um den Sohn zu erziehen. Die Schule kann nicht alles verhindern.

Das Motto für das Schulkind lautet: »Schlechte Schüler gibt es nicht.«

Die Krise des Zwölfjährigen – die Aufhebung des geistigen Konsens

Die pubertierenden Jugendlichen wollen auf keinen Fall die Gedanken ihrer Eltern übernehmen. Sie ziehen sich von ihnen zurück. Sie wollen nicht von den Eltern verstanden werden. Sie wollen sich selbst verstehen. Sie denken darüber nach, wer sie sind und ob sie so sind, wie sie sein wollen. Es ist notwendig, dass die Eltern ihnen immer wieder bewusst machen, dass sie sie lieben, dass sie sie akzeptieren und die Dissonanz anerkennen. Eine ehemalige Studentin erzählte mir, dass ihre vierzehnjährige Tochter abgehauen sei. Sie hatte ihrer Tochter verboten, eine Ratte mit in die Wohnung zu nehmen, die ihr ihr Freund geschenkt hatte. Sie sagte: »Ich werde die Ratte nicht dulden. Wie kann ich das meiner Tochter erklären?« Ich antwortete: »Einen schönen großen Rattenkäfig kaufen – die Ratte, Angela und der Freund und du gehören zusammen.« Sie antwortete: »Ich kann doch nicht alles durchgehen lassen.« Ich sagte: »Aber du kannst versuchen, alle unter einen Hut zu bringen, wenn du willst.« Sie kaufte einen Käfig – auch die Ratte musste lernen, mit einem Kompromiss zu leben.

Enno weigerte sich, mit der Familie ins Freibad zu gehen. Doch seine Mutter überredete ihn, gegen seinen Willen, mitzugehen. Er erklärte mir, dass er erst mit einer neuen Badehose ins Freibad gehen würde. Die Badehose sei zu klein und er wüsste, dass manchmal Mitschülerinnen in das Freibad kommen. Die Mutter setzte sich durch. Enno stand im Freibad in der viel zu kleinen Hose und ein Mädchen aus seiner Klasse sah ihn. Er sagte zu mir, dass er am liebsten gestorben wäre. Danach kaufte er sich eine neue Badehose mit halblangen Beinen und hofft nun, dass er dasselbe Mädchen noch einmal im Freibad trifft. Gott sei Dank hatte dieses Mädchen ihn trotz zu kleiner Hose nicht ausgelacht. Das wäre für Enno, in dieser sensiblen Phase, ein Trauma gewesen.

Stufe des Jugendlichen – das gemeinsam geteilte Bewerten

Das Wollen – der dunkle Drang

Wenn die Jugendlichen in der Pubertät akzeptiert werden, dann sind sie auch in der Lage sich selbst zu akzeptieren. Dies ist die Bedingung dafür, dass sie sich zutrauen, Freundschaften mit Gleichaltrigen zu schließen. Sie sind zunehmend in der Lage zu lieben und sich als liebenswert anzunehmen und sie tragen Verantwortung füreinander. Freunde sind die Spiegel, in denen sie sich selbst erkennen können.

Lilli ist auf dem Dom gewesen. Abends erzählt sie Opa Emil davon: »Opa, auf dem Dom war ein Labyrinth mit vielen Spiegeln. In jedem Spiegel sah ich anders aus. Manchmal war ich viel zu dick und manchmal viel zu dünn. Manchmal war mein Kopf riesig und mein Körper klein. Am Ausgang war ein richtiger Spiegel. In dem konnte ich mich so sehen, wie ich wirklich aussehe. Stell dir vor, wenn es keinen richtigen Spiegel geben würde, dann würde kein Mensch wissen, wie er in Wirklichkeit aussieht.« Opa Emil hört Lilli zu und denkt nach: »Wenn du wissen willst, wie du in Wirklichkeit aussiehst, dann brauchst du einen Spiegel. Wenn du aber wissen willst, wer du bist, dann brauchst du einen Freund. Nur ein Freund gibt dir kein verzerrtes Bild von dir.« Lilli versuchte Opa zu verstehen. »Opa meinst du, dass ein richtiger Freund oder eine richtige Freundin mir die Wahrheit sagt, was gut und was nicht so gut an mir ist?« »Ob sie es immer können, dass glaub ich nicht, aber sie sollten sich immer darum bemühen.« (Mann 1993, S. 30)

Das Können – die staunende Bewunderung

Um mich und andere Menschen zunehmend zu verstehen und adäquat handeln zu können, genügt es nicht mehr die Welt anzuschauen, sondern sie muss begriffen werden. Hinter die Dinge zu schauen, das unsichtbare Wesentliche zu erkennen ist nur mit Hilfe des logischen und analytischen Denkens möglich. Jugendliche philosophieren über Gott und die Welt und sie drücken sich z.B. in Gedichten oder in Diskussionen aus. Ein Platon oder ein Hölderlin zu werden ist, wie wir wissen, nur wenigen Menschen möglich. Doch alle Menschen sollten sich ein Leben lang die Liebe zur Dichtung und zur Philosophie, zum Denken, erhalten. Ein Kollege, der diese Sätze las, sagte: »Eine Marilyn Monroe oder ein Michael Jackson zu werden ...«

Die Selbsterfahrung des Jugendlichen

Die Eltern und die Lehrer sollten alles daran setzen, um die Freundschaften ihrer Kinder zu fördern. Ich hatte meine Freundin Helga. Sie war eine gute Schülerin. Ich war es nicht. Oft machte sie die Hausaufgaben doppelt, damit ich nicht mit leerem Heft dasaß, wenn der Lehrer sie kontrollierte. Vor den Klassenarbeiten übten wir manchmal in aller Herrgottsfrühe im Wartezimmer des Hauptbahnhofs. Wir fuhren mit

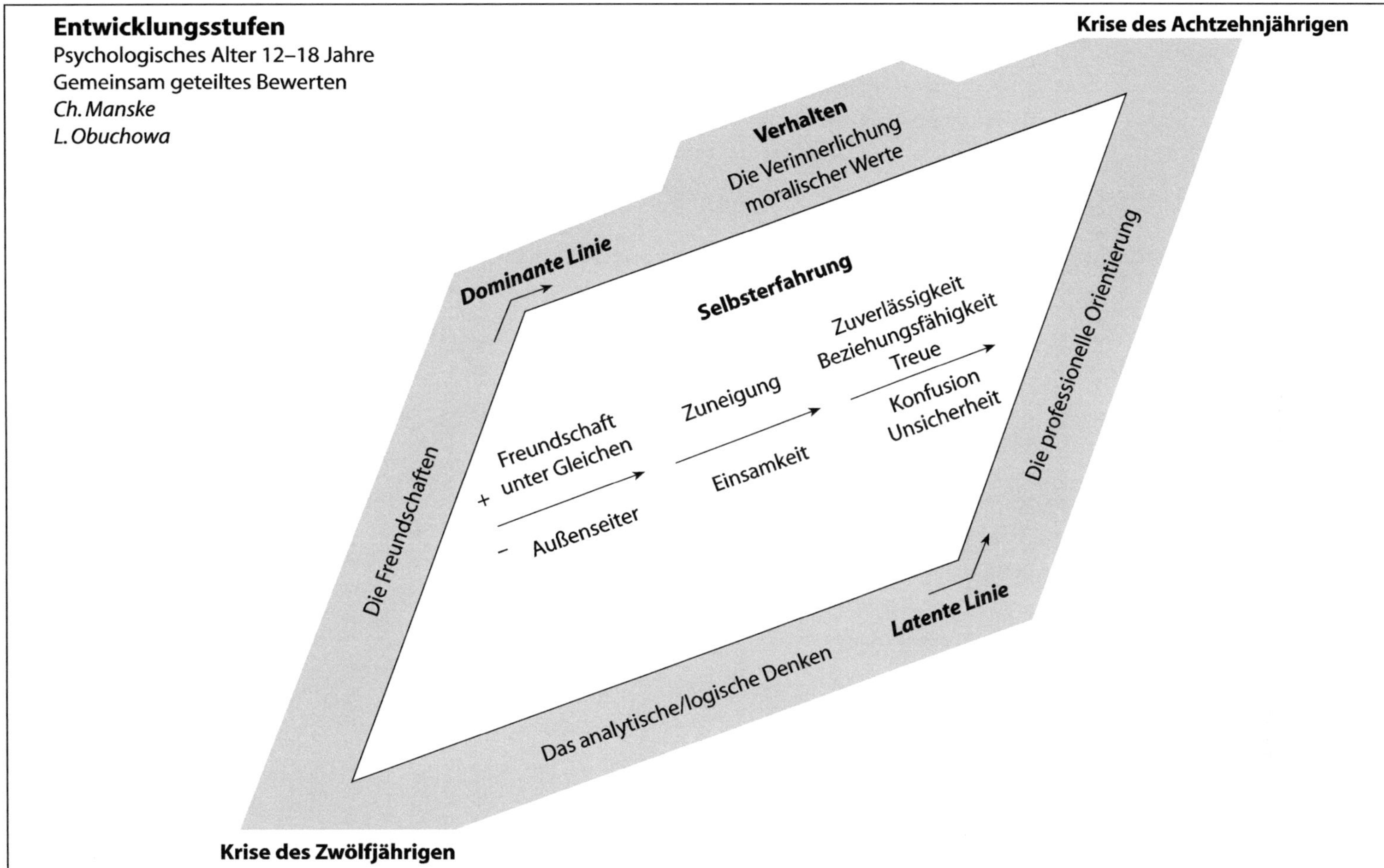
Entwicklungsstufen
Psychologisches Alter 12–18 Jahre
Gemeinsam geteiltes Bewerten
Ch. Manske
L. Obuchowa
Krise des Achtzehnjährigen
Verhalten
Die Verinnerlichung moralischer Werte
Dominante Linie
Selbsterfahrung
Zuverlässigkeit
Beziehungsfähigkeit
Treue
Konfusion
Unsicherheit
Zuneigung
Einsamkeit
+ Freundschaft unter Gleichen
– Außenseiter
Die Freundschaften
Die professionelle Orientierung
Latente Linie
Das analytische/logische Denken
Krise des Zwölfjährigen

dem Zug um fünf Uhr dreißig. Sie fuhr in Bordesholm los und ich in Einfeld. Und dann schummelten wir bei den Klassenarbeiten so, dass kein Lehrer dahinter kam, wie ihre Aufgaben den Weg in mein Heft fanden. Ich wusste nicht, was es heißt, allein zu sein. Entweder schlief ich bei ihr oder sie bei mir. Eines Tages sagte meine Schwester zu mir: »Immer bringst du Helga mit und Mutti weiß manchmal gar nicht, was sie kochen soll.«

Positive Selbsterfahrung machen die Jugendlichen, die von ihresgleichen anerkannt und geliebt werden.

Dass auch ein Jugendlicher unter schwierigsten Bedingungen eine Persönlichkeit sein kann, beweist Dirk. Obwohl er mit 27 Jahren noch nicht schreiben, lesen und rechnen kann, findet er Sinn und Bedeutung in seinem Leben. Er arbeitet als Hotelangestellter. In seiner Verantwortung ist es, jeden Morgen zwei Zimmer selbstständig für einen Gast herzurichten. Er kommt seit vier Jahren regelmäßig zu mir zum Lernen. Er hat drei Jahre lang von seinem selbst verdienten Geld für jede Stunde 100 DM bezahlt. Neuerdings geht er zum Tanzunterricht. Was für Dirk wesentlich ist: Er will nie aufhören, weiter zu lernen.

Nach der Pubertät fragen sich die Jugendlichen zunehmend, was sie werden können und wie sie ihre Träume in Bezug auf ihre Rolle in der Gesellschaft verwirklichen können. Sie müssen sich entscheiden, ob sie z.B. eine Lehre beginnen oder einen akademischen Abschluss machen wollen. Diese Zeit ist bestimmt vom Lernen und Arbeiten und dem Ziel, gesellschaftliche Verantwortung übernehmen zu können.

Negative Selbsterfahrung machen Jugendliche, die nicht lernen konnten, Freundschaften zu entwickeln und in ihrer Einsamkeit perverse Fantasien ausleben oder sich Sekten oder Gangs anschließen.

Welle

Ich machte auf Kuba Ferien. In einem kleinen Appartementhaus am Strand von Varadero. Dort lernte ich einen jungen Mann von 22 Jahren kennen, der sich Welle nannte. Welle trug bei 35 Grad Hitze eine schwarze Lederhose, eine Lederjacke und einen Gürtel mit einem großen metallenen Vogelkopf. Sowohl die Lederjacke als auch die Lederhose war mit metallenen Nägeln beschlagen. Er fragte mich auf der Straße: »Weeste, wo det Azul is? Da sollet dett Abendbrot jeben.« »Ja, du kannst gleich mit mir gehen.« Als wir uns beim Essen gegenüber saßen, sagte er: »Ick bin een Rockabilly. Welle, so heeß ick bei de Kumpels.« Ich fragte ihn: »Ihr seid eine Jugendgruppe?« Er antwortete: »Wir sind Alks, also rechte Alks.« »Alks?« »Na, saufen jeden Freitag bis Sonntagabend, jedet Wochenende.« »Ich verstehe. Wie viele seid ihr?« »Vier, det iss nich ville.« Ich fragte ihn: »Und außer Trinken?« »Na jut, also wir hauen jeden aufs Maul, der blöde kiekt. Kiek mal, wie der da, der redet, labert, der, so eener« Ich fragte ihn: »Bist du sicher?« Er antwortete: »Der wär dran, jenau der.« Ich fragte ihn: »Dein letzter Fall war wohl stärker? Ich meine dein blaues Auge.« Er antwortete: »Richtig, er war stärker. Ick hab verlorn. Det war nich jut. Weeste, für die Gruppe. Mist. Aber wenn de durchhälst bis zum Schluss, denn lassen dich die Kumpels nich falln. Aber jut isses nich, verliern. Iss nich jut.« Nach dem Essen sagte er: »So, wat machen wir denn jetzt?« »Äh, ...« (ich musste erst mal schlucken) »... was meinst du?« Er sagte: »Ick kann dir allet erklärn, von unsre Gruppe. Weeste, ausm fahrnden Zug de Ausländer rausschmeeßn, nee, det machen wir nich, det uff keenen Fall, obwohl se hier nischt zu suchen ham, det müssen se wissen.« In der Hotel-Lobby standen Brettspiele. Welle machte mir den Vorschlag, mit ihm Mühle und Dame zu spielen. Wir spielten den ganzen Abend, tranken einen Longdrink und als wir uns verabschiedeten, fragte er mich: »Wann jehste denn zum Frühstück morgen?« Ich antwortete: »Um acht.« Er fragte: »Am selben Tisch?« Ich sagte: »Ja«.

Während des gemeinsamen Frühstücks fragte ich ihn: »Welle, du sagtest, dass du ein Rechter bist.« Er antwortete: »Also, wat dat nu jenau is, weeß ick nich. Jedenfalls wegen die Ausländer uffräumen, det det nich so ville werdn. Die Rockabillys sind Alks, mehr Alks als allet andere.« Dann fragte er mich, was denn die Linken sind. Ich erzählte ihm über die kubanische Geschichte, was ich wusste, und ich erklärte ihm, dass Che Guevara ein kubanischer Revolutionär gewesen ist. Welle hörte geduldig zu. Dann sagte er: »Weeßte, von Kuba det wusst ick och nich. Nie watt davon jehört, wat du allet weeßt. Na ja, bei dein Beruf musst de det woll wissen.« Wir frühstückten zusammen, gingen zum Strand, feierten Karneval und spielten jeden Abend Dame und Mühle. Beim Abendbrot sagte ich dann zu ihm: »Welle, hier gibt es eine Disco für junge Leute wie dich. Da solltest du auch hingehen.« Er antwortete »Ick versteh keene Sprachen.« Ich sagte: »Da sind auch deutsche Kumpels.« Er sagte: »Ick weeß, det Mädel da hinten, det mit den blauen Rock. Aber anmachen, nee, det tu ick nich. Nich in Urlaub, nie.« Wir hatten noch zwei Tage, da fragte Welle mich: »Du bist doch in den Alter von meener Mutter. Da weeßte doch, wat ick ihr mitbringen kann?« Am nächsten Tag suchten wir für seine Mutter ein Geschenk aus. Wir suchten den ganzen Nachmittag. Dann zeigte er auf ein Muschelbild: »Kiek mal, ist det wat für se? Wat meenste?« Ich antwortete: »Ich würde mir so ein Bild an die Wand hängen, wenn mir mein Sohn ein so schönes Geschenk machen würde.« Welle kaufte es. Abends wieder beim Longdrink fragte ich ihn: »Welle, wie lange glaubst du, bleibst du bei den Rockabillys? Wenn du so vierzig Jahre alt wirst, dann bist du doch irgendwann zu alt.« Er antwortete: »Wenn ick ne Frau hab, hör ick sofort damit uff. De Fraun wolln det nich.« Ich sagte: »Wenn du nicht mehr allein bist.« Welle schwieg. Nach einiger Zeit anwortete er: »Det sind meine eenzigen Kumpel. Weeßte, die Kumpels haben keene Arbeit. Ick hab eene. Weeßte, ne Wut haben die uff jeden, der eene hat.« Ich sagte: »Das glaub ich dir. Und du kannst sie auch nicht im Stich lassen.« Er sagte: »Det würd ick nie tun.« Irgendwann sagten andere Gäste: »Ihr Sohn war schon hier und hat auf sie gewartet.« Ich antwortete: »Ach ja, dann wird er bald kommen.« Am Schluss der Reise bot das Hotel für die Gäste einen Longdrink-Kursus an. Er sagte zu mir: »Du, die machen hier einen Longdrink-Kursus. Da lernste, wie de die Dinger machst.« Welle und ich nahmen teil. Wir mixten Cuba Libre, Mojito, Pina Colada, Ron Orange usw. »Wenn ick in Berlin bin, denn mach ick nen Longdrink-Abend, nich immer Bier, mal wat anderes.«

Als wir auf einer Decke am Strand saßen, sagte er: »Ick bin froh, dass ick dir hier kennen jelernt hab. Weeßte, ick versteh keen spanisch, keen englisch, nix.« Wir traten zusammen den Heimweg an. In Berlin mussten wir uns am Flughafen trennen. Ich bedankte mich bei ihm: »Welle, vielen Dank für die schöne Zeit mit dir und dass du mir das Damespielen und das Mühlespielen beigebracht hast.« Er sagte: »Hinkieken, uffpassen, bevor du'n Zuch machst. Sonst wirste nischt.« Als Polizist müsste ich ihn festnehmen, als Richter müsste ich ihn verurteilen, aber als Lehrerin hatte ich die Möglichkeit, ihm zuzuhören und ich hatte ihn gern.

Das Motto für dieses Lebensalter lautet: »Ich möchte eine Ausbildung, ich möchte gesellschaftliche Verantwortung übernehmen.«

Herbert

Herbert wohnte in einer Wohngruppe für Erwachsene mit geistiger Behinderung. Er kam mit einem Betreuer in meine Praxis. Morgens ging er in die Werkstatt, nachmittags sah er sich stundenlang Kinderfilme an, am liebsten mit kleinen Jungen. Er sagte zu mir: »Ich habe dann immer so Fantasien. In meinen vier Wänden fühle ich mich sicher, da kann ich ja nichts anstellen. Wenn ich einen Jungen auf der Straße sehe, dann habe ich Impulse. Da geht bei mir was ab.« Am liebsten aß er Snickers, die beruhigten ihn. Ich hatte immer eine Hand voll Snickers für ihn. Ich hatte gerade Kaffee gekocht und sagte: »Herbert, stell du schon einmal die Tassen auf den Tisch.« Er starrte auf das Brotmesser. Ich sagte: »Die Tassen!« Er stellte sie auf den Tisch. »Hier, deine Snickers.« Er antwortete: »Heute nicht.« Ich fragte ihn: »Woran denkst du gerade?« Er fragte mich: »Kennst du den Heide-Mörder? Der hatte was mit seiner Therapeutin.« Ich sagte zu ihm: »Jeder Mensch denkt einmal, dass er jemanden umbringen möchte, nicht nur du – wen möchtest du denn umbringen?« Ich gab ihm Papier und Bleistift und sagte: »Zeichne ein Bild aus deiner Kindheit. Eine Situation, wo du glücklich warst oder wo du sehr traurig warst.« Er malte folgendes Bild: »Das ist mein Stiefvater ... er hat mich oft geschlagen ... das Schwein ... und missbraucht.« »Warum hat er dich geschlagen?« »Wenn ich das Rechnen nicht konnte.« Ich fragte ihn: »Welche Aufgaben konntest du nicht?« Er sagte: »So wie 16 7, so was.«

Abb. 10

Ich schrieb ihm einige Aufgaben auf, er schrieb irgendwelche Ergebnisse dahinter (Abb. 10). Ich nahm das Blatt und sagte: »Das ist ja alles richtig«, obwohl alles falsch war. Er war erstaunt, dann sagte er: »Ich kann doch nicht rechnen.« Ich sagte: »Doch, z.B. 3 5, das ist 15, weil du drei Mal 5 Murmeln hinlegst: 5 + 5 + 5. Und wenn du jetzt drei Mal 4 Pfennig hinlegst: 4 und 4 und 4, was kommt da raus?« Nach einer Weile fragte er: »12?« Ich sagte: »Ja, du siehst, es ist richtig, du rechnest wie ich.« Wir übten einige Aufgaben, bis er den Unterschied von Plus, Minus, Geteilt und Malnehmen verstanden hatte. Nachdenklich fuhr er fort: »Das hat mir so noch keiner erklärt, so, dass ich das verstehen konnte. So wie du ...« Ich sagte: »Wenn ich deine Lehrerin gewesen wäre, als du ein kleiner Junge warst, dann hättest du es auch begriffen. Dann hättest du nicht 20 Jahre warten müssen.« - Schweigen - . Er sah auf das Blatt, und dann sagte er: »Ich hab noch was vergessen.« Er nahm den Stift und malte die Tränen, die der kleine Junge auf dem Bild, das er gemalt hatte, weint. Ich sah das Blatt an und sagte zu ihm: »Du bist nicht der Große – du bist der Kleine – du bist der, der weint – du bist der, der traurig ist – der was fühlt. ...« Er sagte zu mir: »Ich hab schon viel geweint, in der Nacht.« Ich sagte zu ihm: »Nächstes Mal rechnen wir wieder. Du kannst jetzt alle vier Grundrechenarten ›und‹, ›weniger‹, ›geteilt‹ und ›mal‹, mehr gibt es nicht.« Er versuchte zu lächeln. Ich gab ihm zwei Snickers. »Also, auf Wiedersehen, bis zum nächsten Mittwoch um dreizehn Uhr.« Er hatte Tränen in den Augen. Ich sagte zu ihm: »Herbert, Mörder können nicht weinen. Kinder haben viele Tränen. Erwachsene, die wie Kinder fühlen, die können keinem Kind wehtun.« Er legte seinen Kopf an meine Schulter, er weinte wie ein Kind.

Die entwicklungsorientierte Lesedidaktik

Die EO-Lesedidaktik baut auf der Entwicklungspsychologie Vygotskijs auf, die unterschiedliche psychologische Altersstufen beschreibt und auf der Theorie der etappenweisen Ausbildung geistiger Handlungen nach Galperin, die den Lernweg von außen nach innen darstellt. Die EO-Lesedidaktik habe ich zuerst mit Kindern einer Sonderschule für Lernbehinderte entwickelt (Mann 1994). Im Rahmen eines Forschungsauftrags des Bundesministeriums erarbeitete ich die Umsetzung der EO-Lesedidaktik für Erwachsene, die an Werkstätten für Menschen unter der Bedingung der geistigen Behinderung arbeiten (Mann 1995). Zurzeit lernen u.a. in meiner Praxis Kinder mit Trisomie 21 zwischen dem vierten und sechsten Lebensjahr das Lesen, um die differenzierte Lautsprache während der sensitiven Phase der Sprachentwicklung ausbilden zu können. Sie lernen die Buchstaben, indem sie eine Tätigkeit mit einem Laut benennen z.B. »FF«, das Ausblasen einer Kerze. Die Buchstaben werden also nicht als sinnlose Zeichen eingeprägt, sondern als Zeichen mit Sinn und Bedeutung. Da die kleinste sinngebende Einheit das Wort ist, sind die Buchstaben in unserer Lesedidaktik ein geschriebenes Wort und die sinngebenden Laute sind ein gesprochenes Wort. Die Einheit von dem Erleben des Pustens und der Bezeichnung »F« schafft Erfahrung. Im Sinne Immanuel Kants ist die Anschauung nicht mehr blind und der Begriff nicht mehr leer. Die Einheit von Tätigkeit und Bezeichnung baut ein stabiles, löschungsresistentes funktionelles Hirnsystem auf. Später gehen die sinngebenden Laute im Wort auf und ihre ursprüngliche Bedeutung hebt sich auf. Da in jeder Lernstunde jedes Kind ein Recht auf die Anschlussmöglichkeit an den Stoff haben sollte, muss der Leseunterricht so gestaltet werden, dass die Kinder unterschiedlicher psychologischer Altersstufen im Sinne Vygotskijs angesprochen werden. Wenn dies geschieht findet Entwicklung statt. Die Entwicklung geschieht nicht reifemäßig, sondern durch den Unterricht. Der gute Unterricht läuft nach Vygotskij der Entwicklung nicht hinterher, sondern er läuft ihr voraus. Den Vorschulkindern mit Trisomie 21 werden in einer Lesestunde folgende Entwicklungsstufen angeboten:

- Gemeinsam geteiltes Empfinden und Wahrnehmen (0–1 Jahr), mit dem Ziel, organische Harmonie herzustellen
- Gemeinsam geteiltes Agieren (1–3 Jahre), mit dem Ziel, staunende Bewunderung hervorzurufen.
- Gemeinsam geteiltes Symbolisieren (3–7 Jahre), mit dem Ziel, sich unabhängig vom Wahrnehmungsfeld zu machen.

a) Bild als Materialisierung der flüchtigen Erfahrung
b) Handgebärde als Eintragung in das Körperselbstbild.

- Gemeinsam geteilter Zeichengebrauch (7–11 Jahre), mit dem Ziel, Gedanken austauschen zu können.

Jede Lernstunde beginnt damit Harmonie herzustellen. Wir trinken Tee oder wir singen ein Lied oder wir gönnen uns einen Keks oder wir tanzen nach Musik oder wir erzählen, was uns auf dem Herzen liegt. Wenn ein neuer Laut gelernt werden soll, wählen die Kinder in der Regel zwischen zwei Möglichkeiten: z.B. auf der Stufe der Handlung mit Gegenständen bieten wir das »G« oder das »K« an. Das G lernen sie am liebsten mit dem Moorhuhn, das zu gackern anfängt, wenn jemand in die Hände klatscht. Das K lernen sie, wenn sie mit dem Nussknacker Nüsse knacken. Auf der Stufe des Rollenspiels bieten wir z.B. das S als Spiel mit der Biene Maja an oder sie lernen das P im Rollenspiel als Streit zwischen zwei Personen. Sollten die Kinder sich für kein Angebot entscheiden können, ist es ratsam, die Ablehnung der Kinder zu deuten. Wenn die Kinder nicht sagen können, weshalb sie keine Lust haben, z.B. das G zu lernen, dann ist es eine Möglichkeit, darzustellen, weshalb dem Lehrer das Spiel mit dem Moorhuhn Freude bereitet. Ich habe das Moorhuhn z.B. auf den Schrank gestellt und in die Hände geklatscht. Das Moorhuhn fing wie verrückt an zu flattern und zu gackern. Dann fiel es vom Schrank. Als die Kinder sahen, dass mir das Spiel selbst Spaß bereitete, hatten sie Lust den Spaß mit mir zu teilen.

Die Vorschläge, die wir den Kindern für das Erlernen der Buchstaben machen, sind als Anregungen gedacht. Die hier dargestellten Angebote wurden von den Kindern angenommen. Es ist wichtig, dass die Lehrer in Abhängigkeit von den regionalen Gegebenheiten, den Motiven und den Entwicklungsstufen der Kinder, selbst den Tätigkeiten mit Gegenständen und den Rollenspielen Laute zuordnen. Wir haben auch in unserer Praxis für einen Laut mehrere Möglichkeiten im Angebot. Z.B. lernen die Kinder das F, wenn sie eine Kerze auspusten, einen Fahrradschlauch aufpumpen, Seifenblasen pusten, Luftballons aufpumpen und die Luft wieder rauslassen. Auch auf der Stufe des Rollenspiels bieten sich viele Möglichkeiten an. Wie haben z.B. das I mit einer lebendigen Spinne geübt. Eine Lehrerin hat die Kinder einen Katzenhaufen in das Bild eines Wohnzimmer malen lassen und ihnen das I auf diese Weise nahe gebracht. In einer Lesestunde wird in der Regel nach der gemeinsam geteilten Tätigkeit mit Gegenständen oder dem gemeinsam geteilten Rollenspiel ein Foto angefertigt. Wir machen ein Foto entweder mit der Polaroid-Kamera oder der Digital-Kamera. Wichtig ist, dass das Foto sofort entsteht und von den Kindern betrachtet werden kann und sie die aufgehobene Erfahrung nachvollziehen. Dem Bild wird dann die Gebärde bzw. der Laut zugeordnet. Danach fertigen die Kinder selbst ein Bild an. Kinder mit Trisomie 21 haben meistens mit 3–4 Jahren noch Probleme, einen Stift zu führen. Wir beginnen daher mit Knetebildern. Christian hat das F mit Hilfe einer Kerze gelernt. Er soll danach eine Kerze abbilden. Der Lehrer hilft ihm, mit einer Schablone den Umriss zu zeichnen. Christian bildet dabei die Wahrnehmung von Figur und Hintergrund aus. Beim Umzeichnen der Schablone steuert die Hand die Augenbewegung. Nach mehreren Übungen steuert die Augenbewegung zunehmend die Handbewegung. Das ist die Voraussetzung um Malen, Schreiben und Lesen zu lernen. Die Knete wird in den Umriss gedrückt. Es entsteht ein schönes Relief. Wichtig ist, dass die Kinder beim Kneten die Feinmotorik, d.h. Anspannung und Entspannung der Finger, ausbilden. Die Kinder können die Kerze auch aus Buntpapier ausschneiden, sie können sie als Steckbild darstellen oder mit Hilfe von Wachs-, Bunt- oder Filzstiften malen. Zu dem angefertigten Bild wird das Zeichen »F« geschrieben. Das Schreiben der Buchstaben findet auf unterschiedlichen Niveaus statt. Einige Kinder legen den Holzbuchstaben auf das Blatt und kneten auf den Holzbuchstaben die Knete. Andere Kinder malen den vom Lehrer ausgeschnittenen Raupapierbuchstaben an, andere Kinder stempeln oder sie lernen, mit Hilfe von Richtungspunkten den Buchstaben zu schreiben. Die Kinder haben die Möglichkeit, beim Erlernen der Buchstaben auf ihrer jeweiligen Entwicklungsstufe angesprochen zu werden. Timo konnte das S im Rollenspiel mit der Biene nicht lernen. Als wir ihm den Rasierapparat gaben, der das Geräusch »Ssss« machte, hatte er große Freude und lernte das S in einer Lernstunde. Wenn Kinder wie Isaak auch auf der Stufe der gemeinsam geteilten Tätigkeit das Angebot einen Buchstaben zu lernen nicht annehmen, dann ist es wichtig, dass der Lehrer mit diesem Kind auf die Stufe des gemeinsam geteilten Empfindens und Wahrnehmens zurückgeht. Zärtliches Streicheln wird mit dem sinngebenden Laut »Ei« begleitet, gemeinsames Essen mit dem sinngebenden Laut »M« oder ein erfrischendes Getränk wird getrunken und mit dem sinngebenden Laut »A« begleitet usw.

Lernen Kinder unterschiedlicher psychologischer Entwicklungsstufen gemeinsam, dann müssen in einer Lernstunde (die Aktualgenese) alle Stufen der Ontogenese angeboten werden.

Die Erarbeitung des Buchstaben T nach den Entwicklungsstufen von Vygotskij (Frank Heinrich)

Christian

Für Christian wurde alles Mögliche gemacht, mit ihm so gut wie nichts. Er wurde versorgt, gebadet, angezogen, gekämmt und in die therapeutischen Einrichtungen wie z.B. Krankengymnastik und Logopädie gefahren. Als er zu mir kam, ging er schon ins zweite Schuljahr. Bei dem ersten Gespräch zitiert seine Mutter eine Aussage der Lehrerin: »Wenn man ihn in Ruhe ließe, würde er sich auf den Schoß der Erzieherin legen und sonst nichts tun.«

Im Sinne Vygotskijs war er, was sein psychologisches Alter angeht, auf der Stufe des gemeinsam geteilten Wahrnehmens. Körperliche Nähe war für ihn die Quelle der Harmonie. Jedes Spielzeug, was ich ihm angeboten habe, wie z.B. Megablocks, Duplo, Ringe, hat er aus dem Wege geräumt. Nichts sollte sich zwischen ihn und mich stellen.

Die Zone der nächsten Entwicklung bedeutete, mit Christian die gemeinsam geteilte Tätigkeit mit Gegenständen aufzubauen. Da wir in unserer Lesedidaktik die sinngebenden Laute mit Gegenständen erfahren, gab ich ihm eine Luftpumpe. Er sollte einen Fahrradschlauch aufpumpen und den Laut der Luftpumpe »F« sprachlich wiedergeben. Er schmiss die Luftpumpe wie einen Ball durch den Raum. Sie bedeutete ihm nichts. Dann versuchte ich es mit einer Kerze. Wir haben sie gemeinsam angezündet und Christian sollte sie mit einem »F« auspusten. Im Unterschied zu meinen eigenen Kindern hatte Christian von selbst kein Interesse die Kerze auszupusten. Erst durch das Auspusten in der gemeinsam geteilten Tätigkeit mit mir bekam die Kerze Sinn und Bedeutung für ihn *(gemeinsam geteilte Lust)*.

Als ich im Krankenhaus war, übernahm Frau Manske die Vertretung. Sie berichtete, dass Christian bitterlich weinte, weil ich nicht da war. Sie sagte zu ihm: »Frank ist im Krankenhaus.« Sie beschrieb die Situation wie folgt:

»Ich legte eine Puppe in ein Bett und stellte eine Arztpuppe daneben. Ich gab ihm ein Auto, in das ich einen Puppenjungen setzte. Ich forderte ihn auf, Frank zu besuchen. Ich spielte Frank: ›Christian, ich wünsche mir so sehr, dass du mir einen Turm aus Duplo baust. Ich freue mich schon auf deinen Turm.‹ Zum ersten Mal zeigte Christian Interesse an der gemeinsam geteilten Tätigkeit. Er baute einen Turm, der ihn überragte. Danach legte er ein Stück des Turms auf ein Blatt Papier, umrandete ihn mit meiner Hilfe und fertigte ein Knetebild an. Er stempelte das T auf das Blatt und sprach dazu: ›TT -Turm.‹ Durch die Abwesenheit von Herrn Heinrich konnte Christian die ersehnte körperliche Einheit zwischen seinem Lehrer und ihm nicht herstellen. Die Abwesenheit erlebte er als diffuse Angst. Seinen Schmerz konnte Christian nicht auf der Stufe gemeinsam geteilter Körper aufheben.

Erst im Rollenspiel gelingt es ihm, Frank und sich selbst als Subjekte zu konstruieren. Zum ersten Mal akzeptiert er daher, selbst als tätiges Subjekt gemeinsam geteilt tätig zu werden. Für Herrn Heinrich baut er den Turm, der für ihn und für sich Sinn und Bedeutung hat. Er stellt sich die staunende Bewunderung von Herrn Heinrich vor, wenn er wieder da ist. Er sagt: ›Frank, guck mal.‹ Als Christian von seiner Mutter abgeholt wurde, verabschiedete er sich von mir mit dem Satz: ›Ich bin Frank.‹«

Diese Krise war für Christian notwendig, um in der Zone der nächsten Entwicklung auf die Stufe gemeinsam geteilte Tätigkeit zu gelangen. Im Gegensatz zum gemeinsam geteilten Körper gibt es bei der gemeinsam geteilten Handlung zwei Subjekte, die mit Objekten handeln und sich mit Hilfe der Objekte ihre Umwelt konstruieren. Christian baute wiederum einen Turm, der doppelt so hoch war wie er. Über diesen sichtbaren Erfolg zeigte Christian staunende Bewunderung. Nach dieser Erfahrung hat Christian von sich aus den Wunsch geäußert, nicht nur die verschiedenen Kerzen auszupusten, sondern auch anzuzünden. In der gemeinsam geteilten Tätigkeit kultivierte er die Angst vor dem Feuer in Neugierde. Ich kaufte lange Streichhölzer, Feuerzeuge, Gasanzünder. Mit all diesen Gegenständen lernte er, Feuer anzuzünden. Wir bestimmen die Menschwerdung mit der Entzündung des Feuers. Jetzt kann Christian Feuer entzünden und wieder ausmachen. Z heißt anzünden und F heißt auspusten.

Seine Handlungen konnte er erst reflektieren mit Hilfe der Polaroid- und anderer Fotos von seinen und unseren Tätigkeiten. Er war jetzt mit Hilfe der Fotos in der Lage, seine Tätigkeit zu rekonstruieren. Dabei half ihm der erhobene Zeigefinger, der die Kerze ersetzte. Die Aktion mit den Gegenständen ersetzt er durch eine symbolische Aktion. Um die symbolische Aktion zu erleichtern, habe ich ihm einen Bleistift in die Hand gegeben.

Mir fiel auf, dass er beim Betrachten der Fotos sich selbst auf den Fotos erkannte und sich nicht mehr wie früher für Matthias hielt. Er hat jetzt Selbstbewusstsein, d.h. ein Bewusstsein von sich selbst.

Die Buchstaben hat Christian aus Knete nachgebildet. Wir haben sie aus Wellpappe ausgeschnitten und zu seinen Fotos geklebt. Christian hat die Buchstaben gestempelt, sie mit Schablonen und mit Hilfe von Orientierungspunkten geschrieben. Inzwischen liest und schreibt Christian in seinem Sinngebende-Laute-Buch folgende Buchstaben: F, Z, A, T, M, I, U, G, N, E, O, H, D, N, B, K, R, S sowie EI, AU und CH.

Noch vor einem halben Jahr sagte ich ihm: »Erst müssen wir lernen, hinterher können wir Fußball spielen.« Als meine Kollegin vor einem Monat mit ihm Fußball spielte, weil ich noch mit einem anderen Kind arbeiten musste, legte er den Ball weg und sagte: »Ich will einen Buchstaben lernen.« Im Gegensatz zum Anfang unserer gemeinsamen Arbeit wartet Christian nicht auf mich, sondern darauf, dass er einen neuen Buchstaben lernt.

Dieses Beispiel zeigt, dass Christian mit Hilfe des adäquaten Lernens innerhalb eines Jahres (40 Unterrichtsstunden) die Stufen gemeinsam geteilter Körper (0–0,8 Jahre), gemeinsam geteilte Tätigkeit (0,8–3 Jahre), gemeinsam geteilte Symbolik (3–7 Jahre), gemeinsam geteiltes Denken (7–11 Jahre) erreicht hat.

Die Erarbeitung des Buchstaben M nach den Entwicklungsstufen von Vygotskij

Kinder, die auf der Entwicklungsstufe »Kleinkind« sind, lernen die Buchstaben, z.B. das M in der gemeinsam geteilten Tätigkeit mit Gegenständen. Sie kochen den Pudding mit Hilfe der Lehrerin. Beim gemeinsamen Essen sagen sie nach jedem Löffel »M« und streichen sich genüsslich ihren Bauch. Die Handgebärde »M« wird geübt. Dann wird ein Bild angefertigt. Zum Schluss wird der Buchstabe »M« unter das Bild gesetzt. Das Schreiben des Buchstaben wird auf unterschiedliche Weise geübt. Er wird gestempelt, er wird geknetet, gebacken, auf die Haut gemalt und mit Hilfe von Richtungspunkten geschrieben.

Josefine sollte mit Hilfe des Buchstabenkoffers Wörter legen. Sie sagte: »Nein, ich will Kochen spielen.« Ich antwortete: »Heute nicht.« Sie wurde wütend. Sie schob mit einer Handbewegung den Buchstabenkoffer vom Tisch. Sie nahm den Plastikherd und das Puppengeschirr. Sie stellte für uns und für Ernie und Bert einen Teller hin. Auf jeden Teller legte sie ein Stück Knete. Sie führte das Stück Knete zum Mund und sagte: »MMM – Pudding schmeckt.« Sie hatte den Sprung auf die Entwicklungsstufe »Vorschulkind« gemacht. Ich musste unser Lernen dieser neuen Stufe anpassen. Sie war die Köchin.

Kinder, die auf der Entwicklungsstufe Vorschulkind sind, entwickeln sich in der gemeinsam geteilten symbolischen Tätigkeit, das ist u.a. das Rollenspiel.

Es geht dabei nicht in erster Linie darum, dass die Kinder, die auf den unterschiedlichen Entwicklungsstufen sind, gemeinsam kochen und essen, sondern dass sie über ihre gemeinsame Erfahrung mit Hilfe der Buchstaben, als sinngebende Laute, als Handzeichen oder als Schriftzeichen kommunizieren, d.h. vielfältige Beziehungen aufbauen.

Auch nach einer Woche können alle Schüler die Erfahrung, die sie gemacht haben, in ihrem Lesebuch für sinngebende Laute als soziale und historische Subjekte nachlesen.

Der Unterricht auf der Grundlage der etappenweisen Bildung geistiger Handlungen von Galperin

In einer Lernstunde durchlaufen die Kinder die unterschiedlichen Lernschritte der Aneignung (Interiorisation). Nach Galperin verläuft die Aneignung der Lerngegenstände von außen nach innen in folgenden Stufen:

1. **Motivation (Sinn und Bedeutung)**
   In jeder Stunde sollten die Kinder von ihren Tendenzen ausgehend, ein gemeinsames Lernmotiv entwickeln. Die Kinder und die Lehrer müssen in der Lernstunde den gemeinsam geteilten Sinn und die gemeinsam geteilte Bedeutung der Tätigkeit erfahren.
2. **Orientierung (Weg und Ziel)**
   Der Lehrer gibt den Kindern für die Bildung geistiger Operationen Orientierungsgrundlagen, damit sie selbstständig arbeiten können. Die Kinder sollen sich beim Lösen einer Aufgabe nicht von Versuch und Irrtum leiten lassen und sich ebenfalls von der nur blinden Nachahmung befreien. Galperin unterscheidet drei Formen der Orientierung: 1. Versuch und Irrtum, 2. Nachahmung, 3. prinzipielles Arbeiten (Galperin 1969, S. 367). Die Kinder sollen den Lösungsweg prinzipiell erfassen. Die Kinder bekommen z.B. Arbeitsmaterialien, die die von ihnen erwartete Tätigkeit bildhaft und prinzipiell vermitteln.
3. **Die Handlung (Werkzeug, Material, Produkt) und Kommunikation (Lautsprache, Zeichensprache)**
   Das Lösen der Aufgabe geschieht zuerst auf der Ebene der gemeinsam geteilten äußeren Handlung mit Gegenständen. Die Handlung wird lautsprachlich begleitet. Alle fünf Sinne werden bewusst gemacht. In der EO-Lesedidaktik entspricht dieser Schritt der aktuellen Entwicklungszone des Kleinkindes.
4. **Die materialisierte Handlung (Bilder, Fotos, Miniaturen, Piktogramme, Gebärden usw.) und Kommunikation**
   Das Lösen der Aufgabe geschieht auf der Ebene der gemeinsam geteilten symbolischen Tätigkeit. Die Kinder stellen Modelle her, das sind Zeichnungen, Miniaturen, Fotos, usw., die ihr Handeln anleiten. Sie drücken sich mit Gebärden aus. In der EO-Lesedidaktik entspricht m.E. dieser Schritt der aktuellen Zone des Vorschulkindes.

5. **Die Sprache**
   Soziale Kommunikation (Sprache für andere): Die Kinder verstehen und geben sprachliche Anweisungen mit Hilfe von Handzeichen und lauter Sprache.
   Flüstersprache (innere Sprache für sich): Die Kinder gehen in den Dialog mit sich selbst. Die Sprache zu sich selbst leitet die Kinder zu eigenständigem Handeln an. Die innere Sprache verflüchtigt sich später zum Denken.
6. **Die Schriftsprache**
   Die Kinder verständigen sich mit Hilfe von Schriftzeichen. In der EO-Lesedidaktik entspricht m.E. dieser Schritt der aktuellen Zone des Schulkindes.

Das Schreiben des Buchstabens M nach den Lernschritten von Galperin

Der Buchstabe wird zuerst mit Hilfe von Werkzeug und Material hergestellt. Dabei sollten alle fünf Sinne tätig sein, um ein einheitliches, funktionelles Hirnsystem (Leontjev 1971, S. 123) aufzubauen. Der Buchstabe wird z.B. mit den Händen aus Teig geknetet, gebacken und mit der Nase gerochen, gegessen und mit der Zunge geschmeckt. In der materialisierten Handlung werden die wesentlichen Eigenschaften des Produkts, des gebackenen Buchstabens M, erarbeitet. Der Buchstabe wird wie eine Schablone auf ein Blatt gelegt und seine Umrisse nachgezeichnet. Wie die Kinder das Schreiben eines Buchstabens prinzipiell lernen, stellt N. Talyzina dar (Talyzina 2001, S. 204). Zuerst malt der Lehrer die Richtungspunkte für das M ein (Abb. 11), später zeichnet der Schüler sich diese Punkte selbstständig ein. Er weiß, dass die Orientierungspunkte ihm zeigen, wann sein Strich die Richtung ändern soll. Nun kann der Schüler den Buchstaben schreiben, wenn der Lehrer ihn sprachlich anleitet: »Sprich dir den Buchstaben vor. Setze den ersten Punkt auf die Grundlinie. Setze den zweiten Punkt auf die Oberlinie. Wann ändert dein Strich seine Richtung?« Der Lehrer fordert den Schüler auf, auch selbst sein Schreiben sprachlich zu begleiten. So entwickelt der Schüler den Übergang zur inneren Sprache. Der Schüler flüstert in verkürzter Form zu sich selbst: »M – Punkt unten – oben – unten – oben – unten.« Die Schüler können sich danach ohne Hilfe des Lehrers jeden neuen Buchstaben mit Hilfe von Richtungspunkten selbst erarbeiten.

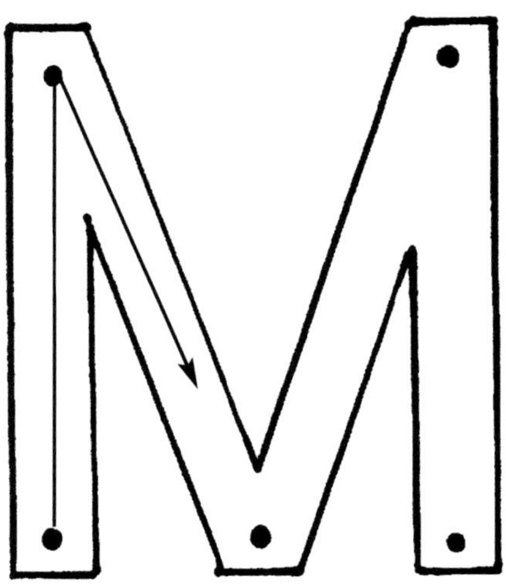

Abb. 11: M mit Richtungspunkten

Darstellung der Erarbeitung der sinngebenden Laute

A

Der Laut »A« wird im Rollenspiel erarbeitet. Marvin hat Halsschmerzen. Der Doktor sagt: »Sag mal Aaa.« (Abb. 12)

2. Nachdem der Laut im Rollenspiel die Tätigkeit bezeichnet hat, wird die Bezeichnung auf der Entwicklungsstufe der symbolischen Aktion, als Gebärde vermittelt, ins Körperselbstbild eingetragen (Abb. 13).

Nachdem das Kind ein Bewusstsein von der Handlung gespeichert hat, nämlich als symbolische Tätigkeit, ist es in der Lage, die Tätigkeit in der materialisierten Form (Bild, Zeichnung, Knetbild) wiederzuerkennen und lautsprachlich und / oder mit Hilfe der Gebärde zu bezeichnen (Abb. 14).

Nachdem Christian mit Hilfe der Bildkarten die mit dem Laut »A« bezeichnete Tätigkeit erinnert, erscheint der Laut als Zeichen. Das ist der geschriebene Buchstabe (Abb. 15).

Der Buchstabe wird als Schriftzeichen erarbeitet, indem er als Anlaut mit Raupapierbuchstaben über die Hände bewusst gemacht wird und dann erst von den Augen gesehen werden kann. Er wird auch als Relief geknetet oder mit Hilfe von Schablonen, Stempeln, Richtungspunkten und Holzbuchstaben bearbeitet. Danach ist das Kind in der Lage, das A überall in seiner Umwelt wieder zu erkennen.

Ein Text zum Rollenspiel
Anna sagt zu Dr. Adam: »Wenn ich schlucke tut es weh.«
Dr. Adam sagt zu Anna: »Sag mal ›Aaa‹.
Oh jemine, dicke rote Mandeln hast du, das ist alles, was ich seh'.
Nimm die Puppe in die Arme, bleib drei Tage noch im Bett.«
Anna sagt zu Dr. Adam: »Du bist wirklich sehr, sehr nett.« *(C. Manske)*

Au

Sean spielt, dass Ernie und Bert sich kloppen. Bert schreit: »Au, Au«. Josefine sieht auf einem Bild, wie ein Mann auf einer Banane ausrutscht, hinfällt und »Au« ruft. Sie symbolisiert das Au, indem sie sich kneift. Sie erkennt die Gemeinsamkeit, weil sie das Au als Schmerzerfahrung verallgemeinert hat (Abb. 16)

B

Philip spielt gerne mit Ernie und Bert. Bevor er »Bert« sagen konnte, hat er sich mit einem Handzeichen (flache Hand berührt die Lippen) für Bert verständigt. (Abb. 17)

Danach erarbeitet er sich den Anlaut »B, B, Bert« als Buchstaben. Er knetet das B und er klebt den Buchstaben aus Wellpapier in sein Buch für sinngebende Laute. (Abb. 18 und 19)

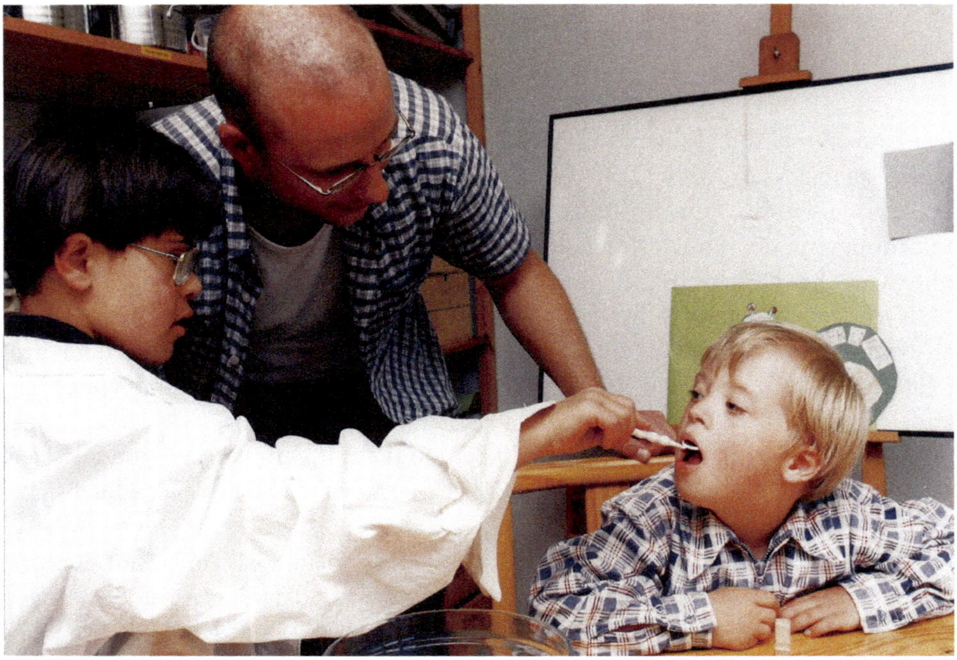

Abb. 12

Abb. 13

Abb. 14

Abb. 15

Abb. 16

Abb. 17

Abb. 18

Abb. 19

Abb. 20

Abb. 21

Philip ertastet den Buchstaben aus Sandpapier. Mit Hilfe des Handzeichens für B und seinem innerem Bild des Buchstabens ist es ihm nun möglich, das B lautsprachlich zu konstruieren. (Abb. 20 und 21) Die anderen Kinder haben das B als sinngebenden Laut gelernt, während sie den Ball auf den Boden geprellt haben:

B B B
Mein Ball springt
übern Zaun
übern Baum
übern Weg
übern Steg
übers Dach
übern Bach
er bringt ihn zum Glück
zu mir zurück
B B B.

(C.Manske)

Ch

Christian ist noch nicht in der Lage, Selbstbewusstsein im Rollenspiel zu zeigen, wie zum Beispiel Josefine, die darauf besteht die Biene, die Lehrerin, die Ärztin zu sein. Erst wenn ein Foto sein Spiel materialisiert, kann er es reflektieren. Als er den Schnarcher »CH, CH« gespielt hat, konnte er diese Tätigkeit nicht mit der Gebärde »Hand auf die Brust« symbolisieren. (Abb. 22)

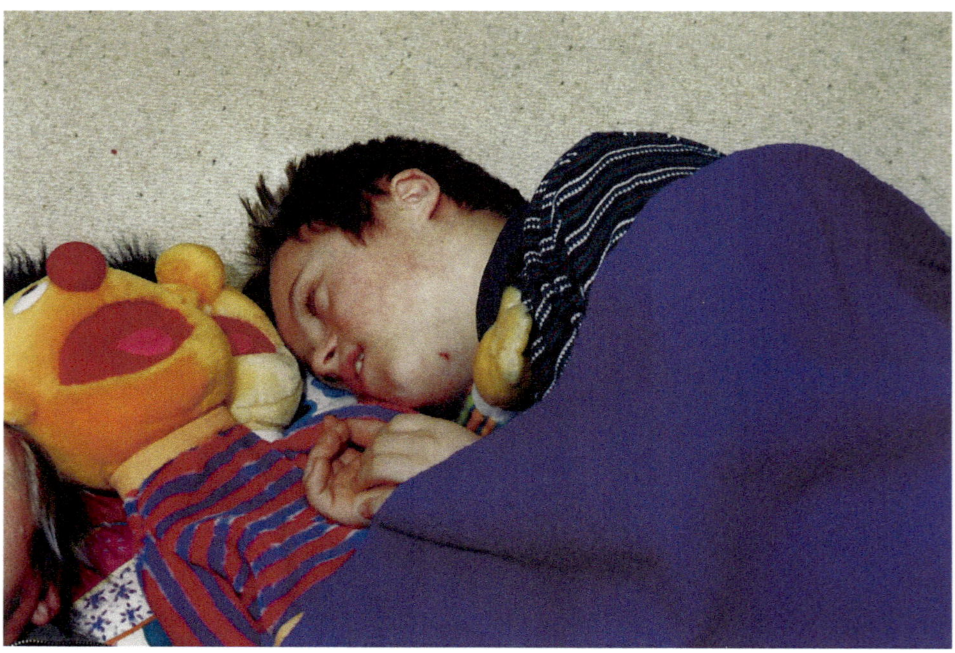

Abb. 22

Erst als sein Lehrer ihm das Foto zeigte, wie er auf dem Boden lag und schnarchte und er ihm erklärte, dass sich dabei der Brustkorb auf und ab bewegt, bekam die Gebärde einen Sinn und er konnte sie mit dem Laut verbinden. (Abb. 23) Bevor Christian das CH schreibt und stempelt, knetet er es.

D

Josefine ahmt an der Trommel das ihr bekannte Geräusch eines Regentropfens, der gegen ein Fenster oder einen Regenschirm schlägt, nach. Gemeinsam wird gesungen: »D D D, hörst du die Regentropfen, wie sie an die Fenster klopfen?« (Abb. 24)

Mit einer Handgebärde, die sie beim Trommeln in ihr Körperselbstbild eingetragen hat, ahmt Josefine das Fallen und Auftreffen von Wassertropfen nach. Die Gebärde hilft ihr das D lautsprachlich zu konstruieren. (Abb. 25)

E

Josefine hat im Rollenspiel das E gelernt. Jemand steht ihr im Weg und bemerkt sie nicht. Empört ruft sie: »E, E, lass mich durch!« Die symbolische Tätigkeit des Auseinanderschiebens, um sich Platz zu verschaffen mit den Händen, wird zum Handzeichen so verkürzt, dass es ihre Lippenbewegung für die lautsprachliche Konstruktion

Abb. 23

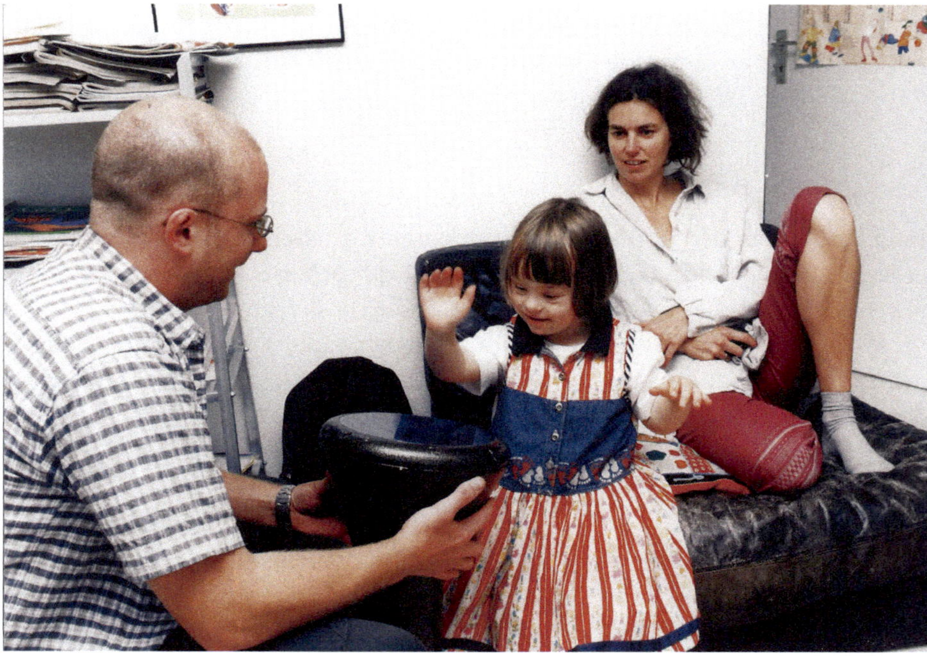

Abb. 24

Abb. 25

Abb. 26

Abb. 27

des E unterstützt. Wenn wir im Anlautbuch das E lesen, orientiert sie sich inzwischen an meiner Lippenbewegung. (Abb. 26)

Phillip hat das E über den Anlaut von Ernie gelernt. Seinen Wunsch nach der Puppe signalisiert er, indem er beide Hände auf die Wangen legt und seine Mundwinkel ein wenig auseinander zieht. Ich begleite sein Handzeichen für Ernie mit »E, E, Ernie«. Phillip zeichnet in der gemeinsamen Handlung den Umriss von Ernie auf, der anschließend gemeinsam ausgemalt wird. Diese Tätigkeit hilft Phillip, ein inneres Bild von Ernie zu konstruieren. Das Zeichen E macht den Anlaut bewusst. Inzwischen kann Phillip das Wort »Ernie« auch laut aussprechen. (Abb. 27)

Abb. 28

Ei

Phillip hatte zuerst Angst vor allen Dingen, die Augen hatten. In der gemeinsam geteilten Tätigkeit überwindet er diese Angst. Inzwischen holt er sich die Tiere selbst. Die Tätigkeit des Streichelns zieht zunächst das geflüsterte »Ei, Ei« nach sich. Inzwischen führt schon oft seine Sprache die Handlungen an. Das geschriebene Ei erarbeitet er sich, wenn er die Buchstaben nachschreibt. Er drückt Knete auf Holzbuchstaben, die als Vorlage dienen. (Abb. 28)

Abb. 29

Marvin tauscht mit seiner Schwester die Zärtlichkeiten aus, die er auf der Entwicklungsstufe gemeinsam geteilter Körper mit seiner Mutter aufgebaut hat. Er spürt sich selbst, indem er seine Schwester berührt. Marvin kann bereits Erfahrung (das Berühren seiner Schwester) und Selbsterfahrung vereinen. Die lautsprachliche Begleitung »Ei, Ei« macht die Tätigkeit bewusst. (Abb. 29)

EU

Marvin hat eine schwere Hantel gestemmt. Diese Leistung kommentiert er staunend: »Eu, Eu«. Auch auf der Stufe der symbolischen Tätigkeit bringt er die Freude über seinen Kraftakt zum Ausdruck. Er hebt seine starke Faust und wiederholt den sinngebenden Laut: »Eu, Eu«. (Abb. 30)

Marvin, der das F, das E und das R bereits kennt und schon einfache Wörter gelesen und geschrieben hat, konstruiert nun, ausgehend von der Tätigkeit die Kerzen zu entzünden, das Wort »Feuer«. In diesem Wort wechselt der Laut »Eu« den Sinn und wird aufgehoben in einer neuen Einheit. (Abb. 31)

Nachdem er das Anzünden materialisiert hat, schreibt er das Wort, indem er die Buchstaben aufklebt und dann mit Holzbuchstaben nachschreibt. Danach schreibt er das Wort mit Hilfe der Rahmenschrift und dann mit Hilfe von Richtungspunkten. (Abb. 32)

F

Marvin und Philipp wollen mit dem Luftballon spielen. Sie pumpen ihn auf und ahmen das Pumpgeräusch nach »FFF«. (Abb. 33 und 35) Christian hat Freude daran Kerzen auszupusten. Zuerst pustet er die Kerze gemeinsam mit dem Lehrer aus – dann kann er auch allein das »FFF« sauber artikulieren.
Nach dieser Erfahrung kann er »Kerze ausblasen« im Rollenspiel darstellen. Er symbolisiert mit seinem Finger die Kerze oder pumpt symbolisch den Fahrradschlauch auf der F-Bildkarte auf. Christian schreibt das F, indem er auf den Holzbuchstaben Knete drückt. (Abb. 34 und 36)

Er spürt dem Raupapierbuchstaben und dem Wellpappebuchstaben F mit dem Finger nach. Er stempelt ihn. Dann lernt er ihn mit einem Stift zu schreiben. Der Lehrer bietet ihm das F in Rahmenschrift an, in die er die Richtungspunkte gezeichnet hat. Christian schreibt nun selbst. Danach schreibt er das F nur noch mit Hilfe von Richtungspunkten. Jetzt schreibt er das F ohne Hilfe selbst.

Obwohl die Kinder auf unterschiedlichem Entwicklungsniveau sind, gelingt es, dass am Ende der Stunde alle ein Interesse an dem F als Tätigkeit, Symbol und Zeichen haben. Sie erkennen es auch nach einer Woche in ihrem »Lesebuch« für sinngebende Laute wieder.

G

Zurzeit ist das Moorhuhn in Mode gekommen. Auch Philipp will damit spielen. Wenn man in die Hände klatscht, flattert es mit den Flügeln und gackert: »Gg, gack, gack, gack, gack.« (Abb. 37)

Die Tätigkeit haben wir fotografiert und in sein Buch für sinngebende Laute geklebt. Wenn Christian Zeigefinger, Mittelfinger und Ringfinger auf seine Kehle legt, kann er das G am besten lautsprachlich konstruieren. Dies ist gleichzeitig die symbo-

Abb. 30

Abb. 31

Abb. 32

Abb. 33

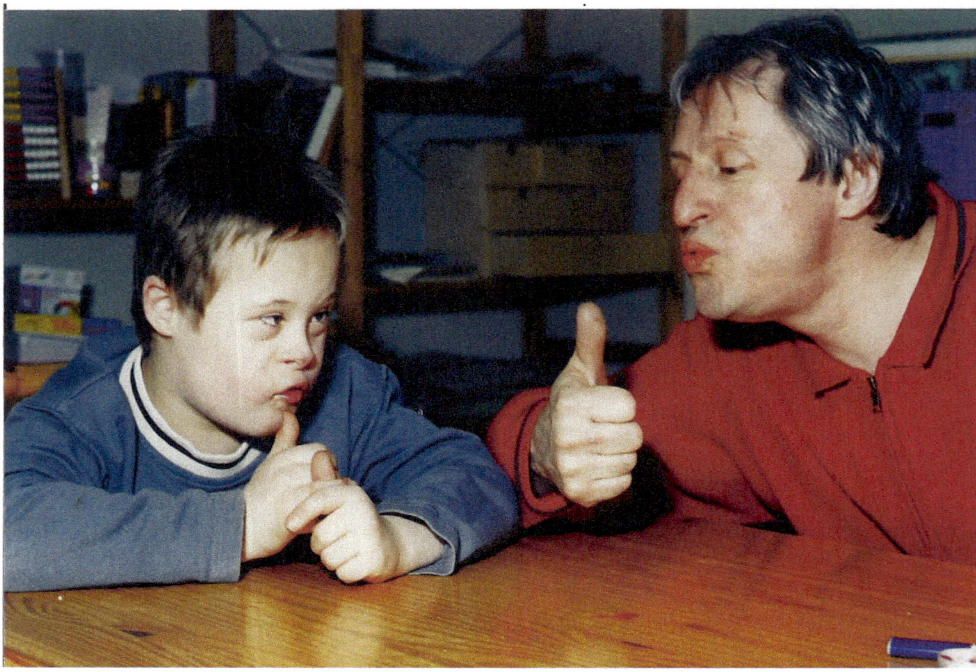

Abb. 34

Abb. 35

Abb. 36

Abb. 37

Abb. 38

lische Tätigkeit. Nachdem er das G in sein Buch für sinngebende Laute gestempelt hat, schreibt er es mit Rahmenschrift und Richtungspunkten an die Tafel. (Abb. 38)

> Der Hund bellt
> Wau Wau.
> Die Katze schreit
> Miau.
> Muh Muh
> brüllt die Kuh.
> Das Huhn legt ein Ei
> und macht ein Geschrei
> G G G
> Ga Ga Ga
> Gack Gack Gack.
>
> *(C.Manske)*

H

Christian und Josefine haben bei ihren Eltern oft gesehen, wie sie ihre Brillengläser putzen, bevor sie sie aufsetzen. Bis auf Marvin sind alle Kinder Brillenträger und es ist wichtig, dass sie immer für eine saubere Brille sorgen. (Abb. 39 und Abb. 40)

Marvin haucht in den Spiegel. Er beobachtet dabei seine Lippenbewegung und wie der Spiegel beschlägt. Marvin haucht auf der Stufe der symbolischen Tätigkeit auf seine Hand. Diese Gebärde haben wir als Handzeichen verallgemeinert. (Abb. 41)

Christian hat die Tätigkeit so in sein Körperselbstbild eingetragen, dass er die Tätigkeit auf der Stufe der symbolischen Aktion nacherlebt.

I

Frank erschreckt Christian mit einer kleinen »Spinne«. Christian erschrickt sich: »Iii«. (Abb 42 und 43) Doch nachdem er weiß, dass die Spinne aus Plastik ist, findet er großes Vergnügen daran, Frank mit der großen Spinne seinerseits zu erschrecken. (Abb. 44) Beim I haben wir die symbolische Tätigkeit durch ein Handzeichen ersetzt. Es zeigte sich, dass die Kinder die Lippenbewegung, die für den Laut »I« erforderlich ist, am besten ausbilden konnten, wenn sie ihren rechten Zeigefinger auf die Mitte der Oberlippe drückten: »Iii«. Danach lernt er das I zu stempeln, mit Richtungspunkten zu schreiben und so weiter.

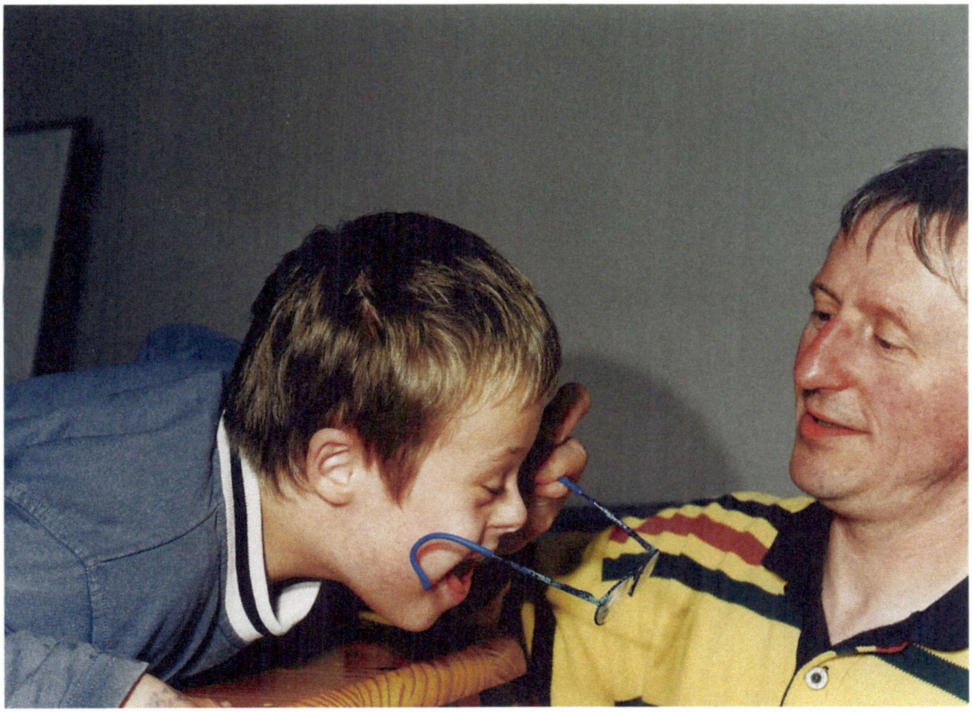

Abb. 39

Abb. 40

Abb. 41

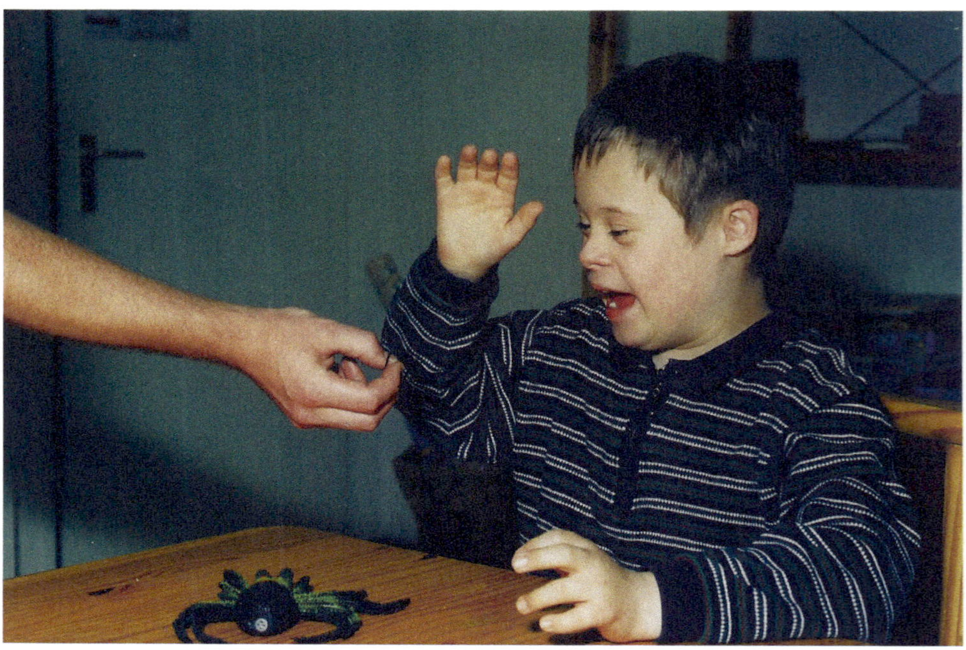

Abb. 42

Abb. 43

Abb. 44

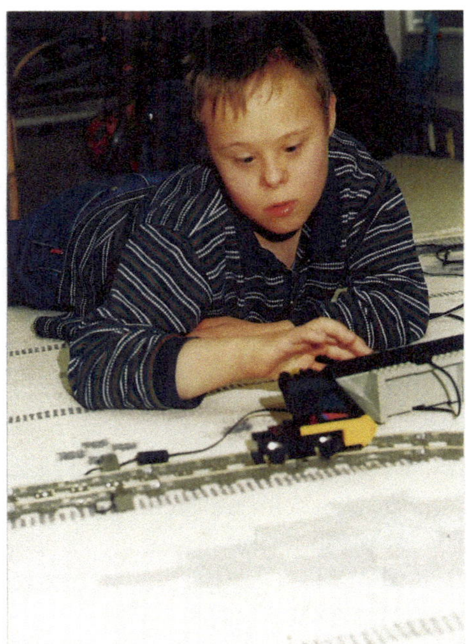

Abb. 45

J

Christian ist Lokomotivführer. Zuerst fährt die Lok langsam, doch dann beschleunigt er sie. Die E-Lok wird immer lauter: »JJJJJ«. (Abb. 45)

Eine Lehrerin ist mit ihrer Klasse zum Zahnarzt gegangen. Sie haben zugesehen, wie ein Zahn gebohrt wurde: »JJJJJ«. Auf der Ebene der symbolischen Tätigkeit kreist der rechte Zeigefinger auf der Wange.

K

Timo schlägt zur Kassettenmusik zwei Klanghölzer gegeneinander. (Abb. 46) Er begleitet die Schläge mit dem Laut: »K-K-K«. Die Tätigkeit wird als symbolische Tätigkeit aufgehoben, wenn die Kinder die überkreuzten Zeigefinger aufeinander schlagen. Nachdem die Kinder das K als sinngebenden Laut auf der Bildkarte und als Anlaut erkennen können, schreiben sie den Buchstaben. Nachdem Christian das K gestempelt hat, schreibt er den Buchstaben in der Rahmenschrift mit Hilfe von Richtungspunkten. (Abb. 47)

L

Thomas hat das Baby gewaschen, gewindelt, eingecremt und gefüttert. Dann hat er es in das Körbchen gelegt, weil er mit ihm einen Ausflug machen will. Er hat ein Vorlesebuch, einen Kassettenrecorder und Proviant eingepackt. Das Baby freut sich: »LL - LL«. Der linke Zeigefinger imitiert als symbolische Tätigkeit das Auf und Ab der Zungenbewegung. (Abb. 48)

M

Josefine isst am liebsten Schokolade. Dass es ihr schmeckt, drückt sie lautsprachlich mit: »Mmm« und mit der Hand aus. Sowohl das lautsprachliche »Mmm« wie auch das Handzeichen »Mmm« wird verallgemeinert in dem Sinne, dass sie es immer einsetzen kann, wenn ihr etwas schmeckt. Als ich Kekse in der Hand hatte, sagte sie spontan: »Mmm« und machte das Handzeichen, das für sie vorher die Erfahrung symbolisch aufgehoben hatte. (Abb. 49)

Der Kuchen vom Bäcker
schmeckt lecker
M M M.
Mama kauft mir
zum Glück ein Stück
M M M.
(C.Manske)

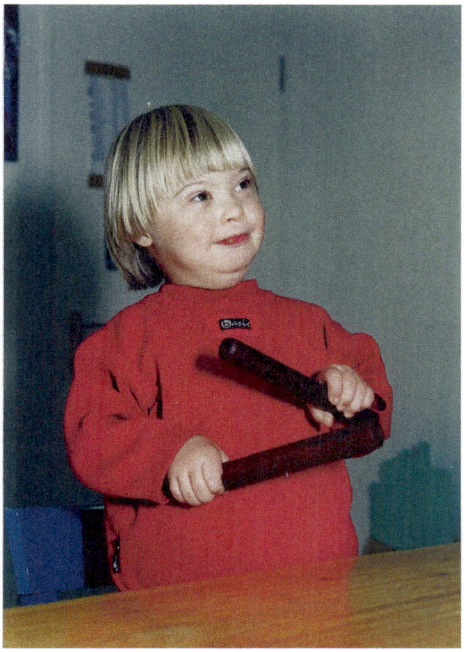

Abb. 46

N

Frau Manske hat Josefine eine Geschichte von einem Kind erzählt, das seine Mutter im Kaufhaus sucht und weint. Josefine malt die Tränen des Kindes. Sie berührt mit dem linken Zeigefinger ihre Nase an der Stelle, an der die Tränen fließen: »NN«. (Abb. 50 und Abb. 51) Zuerst schreibt Josefine das N mit Hilfe von Richtungspunkten, danach ohne Hilfe.

O

Carsten und Marvin haben das O im Rollenspiel »Marvin hat Geburtstag« erarbeitet. Die Situation wurde mit einer Polaroidkamera festgehalten und das Foto in Marvins Buch für sinngebende Laute hineingeklebt. (Abb. 52) In einer

Abb. 47

Abb. 48

Abb. 49

Abb. 50

Übungsstunde wiederholen sie die Situation. Marvin übt mit seiner Schwester zu Hause. (Abb. 53)

Josefine wiederholt mit Hilfe der Bildkarte für sinngebende Laute das Handzeichen. Sie formt Zeigefinger und Daumen zu einem Kreis und steuert damit die Lippenbewegung. (Abb. 54) Mit Hilfe der Bildkarte übt sie zu Hause ohne Erwachsene das O zu schreiben.

> O wie schön ist die Rose.
> O wie schön ist dieser Tag.
> O wie schön ist meine Oma.
> O wie sehr ich sie mag.
> Dieser Opa ist der beste.
> Und die Oma drückt ihn feste.
> O O O
> *(C.Manske)*

Abb. 51

Abb. 52

Abb. 53

Abb. 54

P

Das P ist ein so gängiger Ausdruck für Widerstand, dass Marvin ihn ohne weiteres auf der Ebene der symbolischen Tätigkeit nutzt. Er tickt sich mit dem Finger an die Schläfe: »P«. Auf den Fotos sehen wir, wie die Handbewegung die Lippenbewegung steuert. (Abb. 55 und Abb. 56) Das A ist Marvin bekannt. Er schreibt und liest »Papa«.

R

Timo weckt mit dem Wecker die schlafenden Tiere: »RRR«. Er klebt die Polaroidbilder in sein Buch für sinngebende Laute. Die kreisende rechte Hand ahmt die kreisende Bewegung der Flügelschraube nach. Marvin wiederholt zu Hause den Laut »R« in der Einheit von Tätigkeit, symbolischer Tätigkeit und Zeichengebrauch. (Abb. 58)

S

Josefine und Marvin haben den »Hummelflug« von Rimsky Korsakoff gehört. Sie ahmen den Flug der Biene Maja nach, indem sie mit ihr durch den Raum laufen. Sie sind selbst die Biene, die den Laut »SSS« von sich gibt. Als Christian und Timo wie die Biene fliegen sollten, hat Christian »Biene« und Timo »Bi-e« gesagt. Das »SSS« war für sie kein sinngebender Laut. Als sie sich mit dem summenden Rasierer (Abb. 59)

Abb. 55

Abb. 56

Abb. 57

Abb. 58

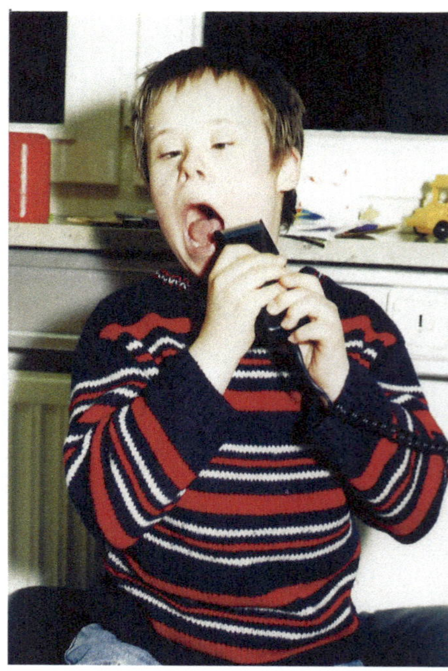

Abb. 59

»SSS« wie ihre Väter rasiert haben, haben beide das Geräusch des Rasierapparates mit »S« bezeichnet.

Für Christian und Timo wird die Gebärde aus der Tätigkeit des Rasierens abgeleitet, wenn sie mit der Faust über das Gesicht streichen. Josefine und Marvin ahmen mit dem rechten Arm den Flug der Biene nach. Zurzeit arbeiten wir mit den symbolischen Handzeichen, wenn Josefine, Marvin, Christian und Timo z. B. das Wort »Sonne« legen sollen. Für Christian und Timo ahmen wir beim S die Tätigkeit des Rasierens nach und bei Josefine und Marvin den Bienenflug. Bei den restlichen Buchstaben O – N – N – E benutzen wir die gleichen Handzeichen. Als sie gemeinsam »Sonne« schreiben sollten, musste ein für alle gültiges Handzeichen vereinbart werden.

SCH

Phillip hat Frau Manske die Eisenbahn gegeben. Sie soll sie für ihn einschalten. Er lauscht. Dann nimmt er die Eisenbahn. Jetzt ertönt das Geräusch »Sch, Sch, Sch«, wenn er den richtigen Knopf drückt. (Abb. 60)

Timo und Sean spielen mit den Lokomotiven und sprechen dazu »Sch, Sch, Sch«. Denise hat für sie eine Lokomotive aufgemalt. Sie fertigen ein Knetebild an. Sie ahmen die Stoßbewegung der Pleuelstange nach, indem sie die rechte Faust vor und zurück schieben. (Abb. 61)

ß

Malte spielt die Schlange Ka aus dem Film »Das Dschungelbuch«. Er imitiert den hypnotischen Blick der Schlange und ihr böses Zischen »ß ß«. (Abb. 62 und Abb. 63) Christian setzt die Richtungspunkte in die Rahmenschrift und verbindet sie zum ß.

T

Christians Einstieg in die gemeinsam geteilte Tätigkeit war das Bauen eines Turmes aus Duplosteinen. Um diese Tätigkeit als stabiles funktionelles Hirnsystem aufzubauen, hat er anschließend einen Turm auf Papier gelegt, der zunächst umrandet wurde. Die einzelnen Steine habe ich kenntlich gemacht und er hat sie mit Knete, abwechselnd in rot/grün, ausgefüllt. Christian lernte diese Gebilde mit dem Begriff »Turm« zu bezeichnen. Der Anlaut »T« wurde auf das Blatt gestempelt und Christian lernte das T von Anfang an als Anlaut. Nach dieser Erfahrung wollte er wie die anderen Kinder auch die anderen Buchstaben lernen. Bei anderen Konsonanten hatte er Probleme, sie als Anlaute zu lernen. (Abb. 64)

Sean tippt mit beiden Zeigefingern wie ein Erwachsener auf der Schreibmaschine. Die Anschläge begleitet er mit dem Laut »T-T-T«. Die Tätigkeit wird auf der symbolischen Ebene durch das abwechselnde Tippen der Zeigefinger auf den Tisch aufgehoben. (Abb. 65)

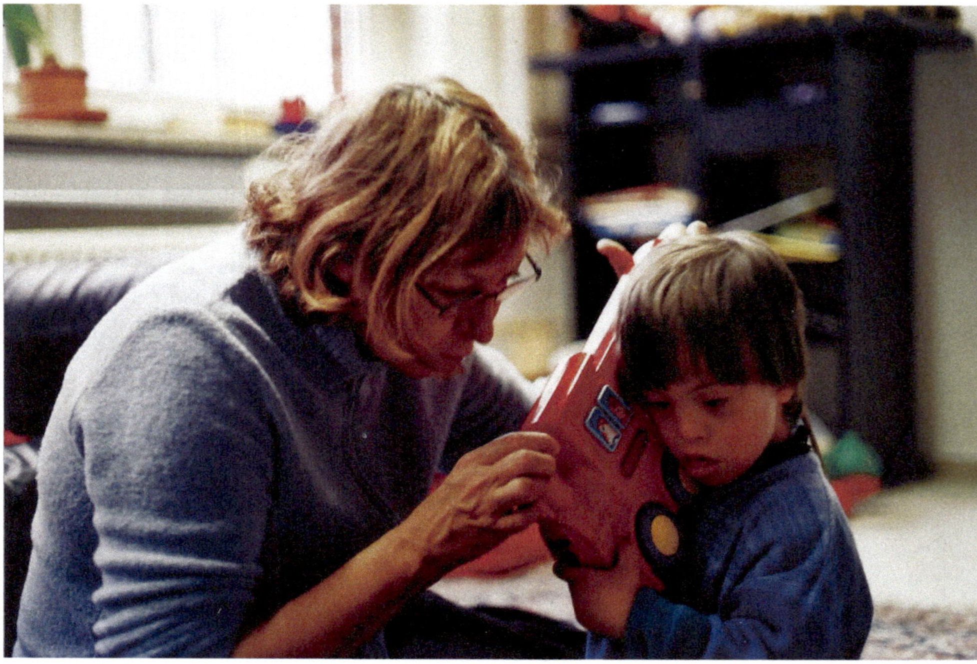

Abb. 60

Abb. 61

Abb. 62

Abb. 63

Abb. 64

U

Das U wird im Rollenspiel erarbeitet. Christian hat sich als Gespenst verkleidet und ruft »UUU«, um Frank zu erschrecken. Vorher hatten wir im abgedunkelten Raum mit Taschenlampen den sinngebenden Laut »U« eingeübt. (Abb. 66) Christian übt das Handzeichen für das U, indem er mit der Hand die Lippenbewegung unterstützt, sie damit wahrnimmt und bewusst macht. (Abb. 67) Er bildet das U mit seinen Fingerkuppen als funktionelles System in seinem Kopf ab. (Abb. 68) Als er mit dem Finger über das Raupapier fährt, erkennt er das U wieder.

Wir sind die Nachtgespenster
U U U.
Wir leuchten durch die Fenster
U U U.
Wir heulen wie die Eulen
U U U.
Wir sind geschwind wie der Wind
U U U.
Schlaf ein liebes Kind
U U U.
Wir bleiben bis die Sonne lacht
U U U.
Gute Nacht liebes Kind
U U U.

(C.Manske)

Abb. 65

Abb. 66

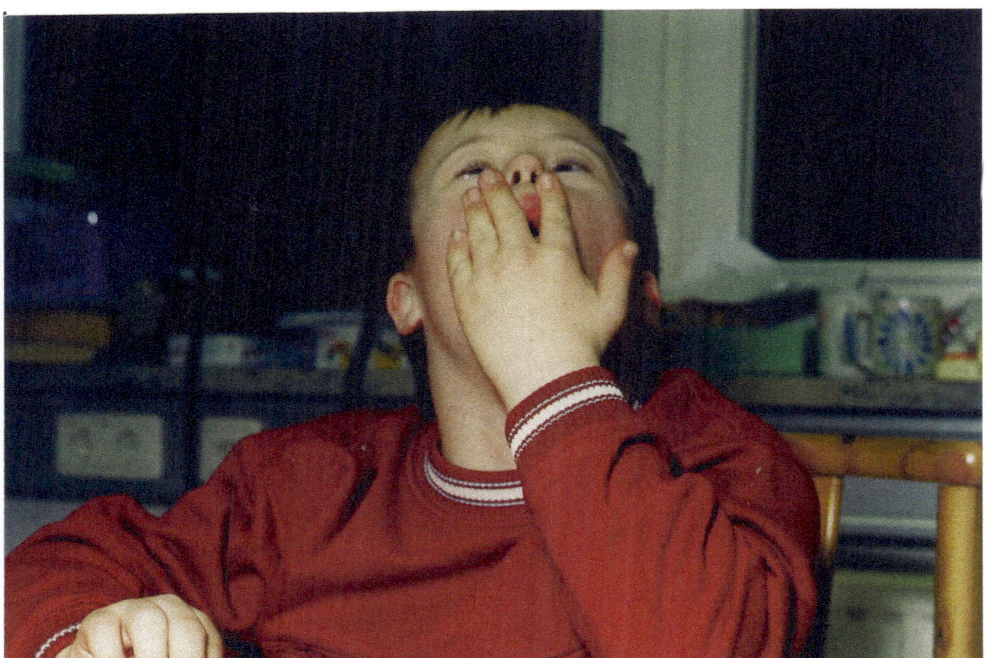

Abb. 67

W

Im Rollenspiel treffen sich zwei »Wau-Waus«. Wenn Josefine und Frau Manske ihren »Wau-Waus« auf den Bauch drücken, wuffen sie sich an: »WW«. Auf die symbolische Ebene überträgt Josefine diese Erfahrung, indem sie die Tätigkeit des Zusammendrückens ohne Gegenstand wiederholt. Sie presst ihre rechte Faust zusammen und sagt: »WW«. (Abb. 69)

Z

Nachdem Sean und Christian mit dem »FF« Kerzen ausgeblasen haben, lernen sie mit dem »ZZ«, sie wieder anzuzünden. Sean kann es schon, Christian lernt es noch. (Abb. 70 und Abb. 71) Die symbolische Tätigkeit wiederholt die Tätigkeit des Anzündens nur ohne Streichholz. Die Kinder, die das Z noch nicht sprechen können, benutzen das Handzeichen. Anderen Kindern hilft das Handzeichen, die Lippenbewegung zu unterstützen und aufzubauen. Christian bereitet sich auf das Schreiben des Buchstaben Z vor, indem er mit der Fingerkuppe den Buchstaben aus Wellpappe nachfährt. Er trägt ihn auf diese Weise in sein Körperselbstbild ein. Bevor er ihn mit Hilfe von Richtungspunkten schreibt, stempelt er den Buchstaben.

Abb. 68

Abb. 69

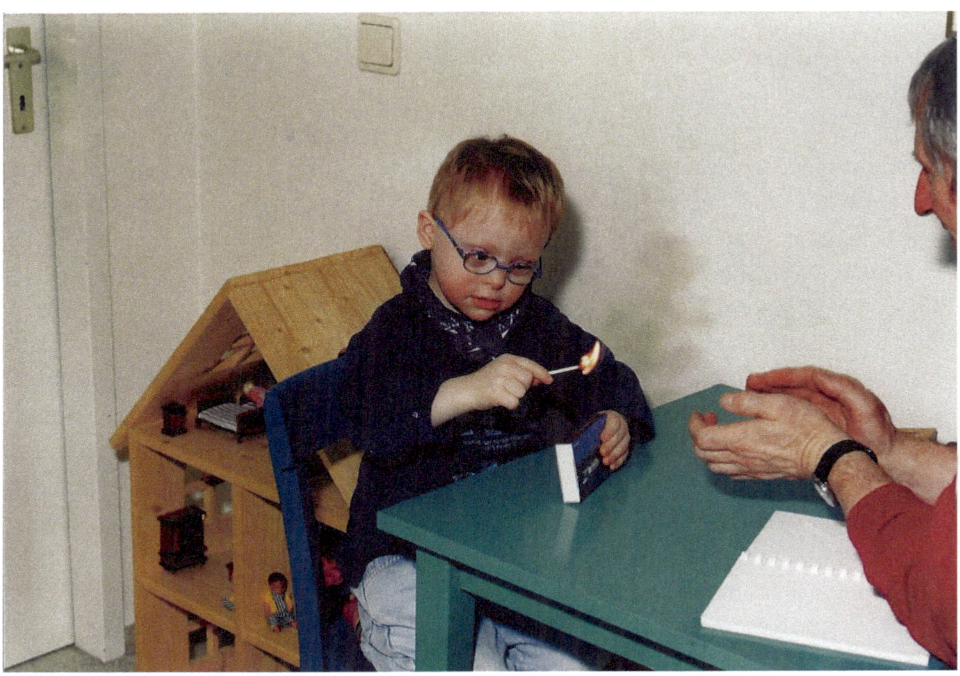

Abb. 70

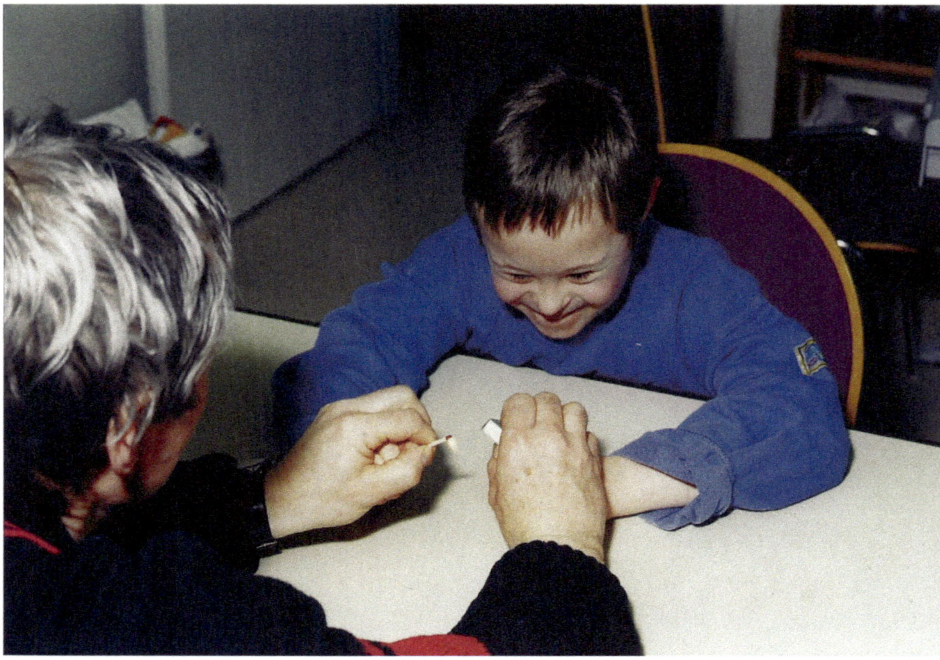

Abb. 71

Das Hauptwort

Wenn die Kinder ungefähr 15 Buchstaben beherrschen, lernen sie Wörter zu lesen. Sie haben alle Gegenstände, die ihnen viel bedeuten. Timo liebt Dinosaurier. Darum ist sein erstes Wort, das er zu lesen lernt, »DINO«. Er spielt mit den Dinos. Er malt sie mit Hilfe einer Schablone und fertigt danach ein Knetebild an. (Abb. 72 und Abb. 73)

Der Lehrer diktiert das Wort mit Hilfe von Handzeichen. Timo nimmt die entsprechenden Buchstaben und legt das Wort. Danach stempelt er es in vorgegebene Kästchen: »DINO«. Josefine liebt z.B. Schokolade. Zuerst isst sie die Schokolade. Dann schneidet sie aus braunem Buntpapier viele Stückchen aus und klebt sie auf ein Blatt. Sie legt das Wort mit Holzbuchstaben, stempelt es und schreibt zum Schluss mit Hilfe von Richtungspunkten das Wort SCHOKOLADE auf das von ihr gestaltete Blatt. Danach liest sie das Wort SCHOKOLADE mit Hilfe der Handzeichen silbenmäßig. (Ab. 74)

Die gestalteten Seiten werden geheftet und so entsteht ein kleines »Wörterbuch«. Das Lesen von Wörtern wird, wie schon bei dem Lesen der Buchstaben, spielerisch geübt. Es gibt Lese-Memorys, Lese-Dominos, es gibt Lese-Lottos und Bildkarten, die z.B. ein Tier abbilden, wenn die Buchstaben in der richtigen Reihenfolge zusammengelegt worden sind. Mit dem Lesekoffer von Jumbo lernen die Kinder zu einem Bild

Abb. 72

Abb. 73

das Wort mit Plastikbuchstaben zu legen. Zuerst nimmt der Lehrer die benötigten Buchstaben heraus. Später machen es die Kinder selber. Die Handlung ist immer zugleich die Kontrollhandlung, denn wenn das Kind den falschen Buchstaben gewählt hat, passt dieser nicht in die Perforation. Daher sind die Kinder in der Lage sich selbst zu korrigieren. Damit die Kinder ein Bewusstsein von der Betonung eines zweisilbigen Wortes entwikkeln, werden die Silben des Wortes auf den Tisch gelegt. Die betonte Silbe auf rotes Papier, die unbetonte Silbe auf blaues Papier. Das Kind klopft beim Lesen mit der Faust unter die betonte Silbe und legt die flache Hand unter die unbetonte Silbe. Diese Silbenkarten veranschaulichen die Silbenfolge eines Wortes im Raum und machen sie den Kindern auch in der zeitlichen Abfolge bewusst.

Abb. 74

Das Zusammenziehen der Buchstaben zu Silben lernen die Kinder, indem sie mit Hilfe der Handzeichen die Lippenbewegung steuern. Es gilt: 1. das Wort silbenmäßig laut zu sprechen, 2. das Wort mit Hilfe der Handzeichen mit Holz- bzw. Plastikbuchstaben zu legen, zu stempeln oder zu schreiben, 3. das Wort mit Hilfe von Handzeichen zu lesen.

Das Tätigkeitswort

Die Kinder mit Trisomie 21, die die sensitive Phase für die Entwicklung der Sprache nicht nutzen konnten, kommen in der Regel mit Hauptwort-Sätzen in die Praxis: »Klappe«, »Jan Tee« ... Sie sagen nicht: »Halt die Klappe.« »Ich möchte Tee trinken.« »Jan möchte Tee trinken.« Der Aufbau der Grammatik beginnt damit, dass das Hauptwort und das Tätigkeitswort auseinander brechen, z.B. »Jan trinkt.«

Timo, Josefine und Marvin haben die Tätigkeitswörter im Alter von 2 Jahren mit Hilfe von Handzeichen gelernt. Als Timo mit seiner Mutter auf dem Spielplatz war, zeigte er den anderen Kindern, dass er auch rutschen wollte. Er fuhr mit der rechten Hand den linken Arm hinunter und zeigte dabei auf sich. Der Satz hieß: »Ich, Timo, will auch auf die Rutsche und rutschen.« Die Kinder lernen bei der Tätigkeit mit Gegenständen oder auch beim Spiel, sich die fünf Sinne bewusst zu machen. Josefine isst Schokolade. Sie spricht: »Fine isst Schokolade.« Ich sage: »Ich schmecke die Schokolade mit der Zunge« und mache dabei Schmatzbewegungen. Josefine wiederholt

Abb. 75

den Satz. Zum Schluss sagen wir beide: »Die Schokolade schmeckt süß.« Marvin spielt z.B. gerne mit Autos. Wir haben beide ein Auto in unserer Hand. Da Marvin die laute Sprache noch nicht beherrscht, spreche ich: »Das Auto fährt« und mache dazu das Handzeichen für »fährt«. Dann bewege ich das Auto. Wir spielen z.B. mit Miniaturen. Marvin hat den Bauernhof aufgebaut:

Das Pferd – schläft (Gebärde).
Das Baby – badet (Gebärde).
Die Kuh – frisst (Gebärde).

Timo »handelt« und spricht in Sätzen. »Ich reibe die Mohrrübe« (Abb. 75)

Wenn die Kinder im gemeinsam geteilten Spiel und in der gemeinsam geteilten Tätigkeit mit Gegenständen gelernt haben, was eine Tätigkeit ist, dann schaue ich mit ihnen Bilderbücher an, die die verschiedenen Tätigkeiten abbilden. Die Kinder schauen sich dann die Abbildungen an und lesen sie, indem sie entweder das entsprechende Wort dazu sagen oder eine Handgebärde machen. Wir legen Bildkarten mit dem passenden Tätigkeitswort zusammen oder spielen die Tätigkeiten als Pantomime. Danach fertigen wir mit den Kindern für sie ein kleines Lesebuch der Tätigkeitswörter an. Die Tätigkeit »ich male« wird fotografisch festgehalten und darunter wird der Satz geschrieben.

Malte schreibt mit Plastikbuchstaben »Ich male ein Zebra.« mit Hilfe von Handzeichen:

Z (Abb. 76)
e (Abb. 77)
b (r) (Abb. 78 und 79)
a (Abb. 80)

Danach malt Malte mit Hilfe einer Schablone ein Zebra. (Abb. 81)

Die Kinder sind jetzt in der Lage, mit Hilfe von Handzeichen ihre ersten Diktate zu schreiben. Ich diktiere z.B. den Satz: »Ich male.« Die Kinder legen zu den Handzeichen, die ich mache, die Plastikbuchstaben auf die Vorlage. Sie bekommen ein Blatt, auf dem Kästchen für die Anzahl der Laute vorgegeben sind. Zuerst schauen sie auf meine Hände, dann zunehmend auf die Lippenbewegung, und zum Schluss sprechen sie sich das Wort selbst vor und dekodieren ihre eigene Flüstersprache.

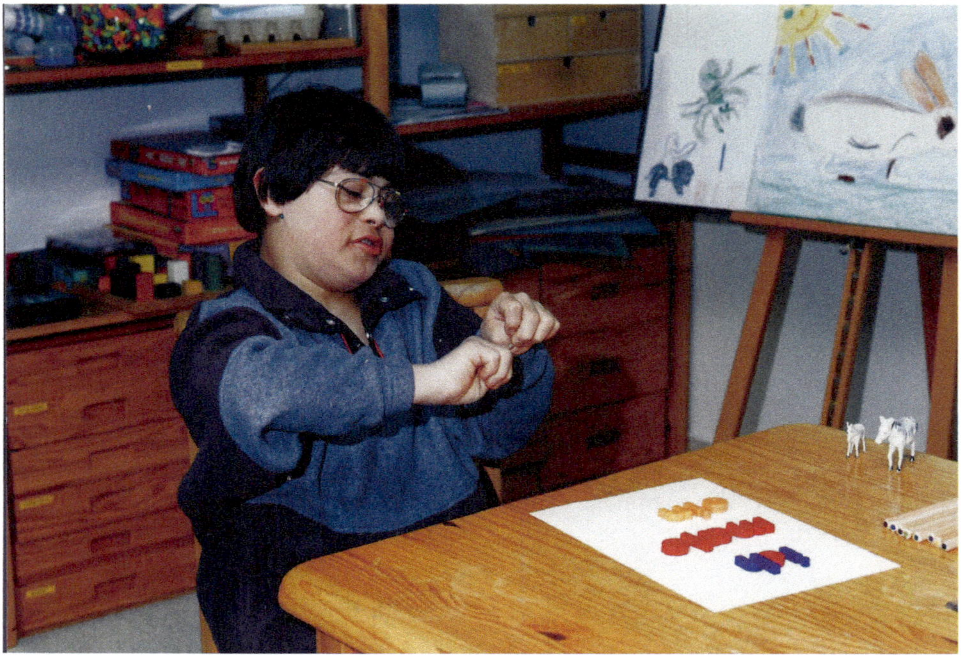

Abb. 76 *Z*

Abb. 77 *E*

Abb. 78 *B*

Abb. 79 *R*

Abb. 80 *A*

Abb. 81

Das Geschichtenbuch

Das Geschichten-Buch ist für die Bewusstwerdung der Kinder notwendig. Sie versprachlichen nicht nur ihre Erfahrungen. Sie materialisieren sie und heben sie auf. Sie reflektieren sich mit jeder Geschichte neu und erlangen Selbstbewusstsein. Mit Hilfe der lauten Sprache und der Schriftsprache wird aus Erleben Erfahrung. Das ist Selbsterfahrung im doppelten Sinn.

- Michael hat einen Bauernhof aufgebaut. Er erzählt mir seine Geschichte. Ich schreibe daraus kurze wesentliche Sätze auf und klebe sie in sein Buch. Er malt das Bild dazu. Danach liest er die Geschichte.
- Moritz hat den Film »Titanic« gesehen. Er diktiert mir, was er für wichtig hält. Ich schreibe einige seiner Sätze auf. (Abb. 82)
- Karl schreibt selbst eine Geschichte auf, die für ihn im Augenblick Bedeutung hat. Zu jeder Geschichte wird ein Foto geklebt.

Das Lesen fremder Texte

Wenn die Kinder ihre eigenen Texte lesen können, verlangen sie nach richtigen Büchern. In meiner Praxis habe ich eine ganze Reihe Kinderbücher für die Erstlesekinder, wie z.B. die Bücher von:

- Helme Heine: »Der Boxer und die Prinzessin«, »Freunde«, »Das schönste Ei der Welt«.
- Eric Carle: »Die kleine Maus sucht einen Freund«, »Die Raupe Nimmersatt«.
- Leo Lionni: »Frederick, du bist ja ein Dichter«.
- Olaf und Lena Landström: »Nisse beim Friseur«.

Es lohnt sich, regelmäßig die Neuerscheinungen anzuschauen. Es gibt so viele gute Kinderbücher. Die Erarbeitung eines Buches: Zuerst lese ich das ganze Buch Seite für Seite vor. Die Kinder schauen sich mit mir die Bilderseite an, zu denen ich den Text vorgelesen habe. Sie erzählen, was dort abgebildet ist. So erfahre ich von ihnen, ob sie die Textseite verstanden haben. Zum Schluss erzählen sie mir den Inhalt des Buches mit Hilfe der Bildseiten. Erst wenn ich sicher bin, dass sie die Bildseiten verstanden haben, lesen sie mit mir Satz für Satz. Bei manchen Kindern lese ich den Satz vor und die Kinder lesen ihn nach, mit anderen Kindern lese ich parallel. Einige lesen ohne Hilfe selbst. Die Kinder sollten nie verbessert oder unterbrochen werden. Bevor sie zu lange an einem schwierigen Wort rätseln, helfe ich. Nachdem die Kinder das Buch gelesen haben, dürfen sie das Buch mit nach Hause nehmen, damit ihre Eltern sich mit ihnen freuen können, was sie gelernt haben. Danach erarbeiten wir, was das Buch für jedes einzelne Kind bedeutet: Selma hat das Buch von Leo Lionni »Pezzettino« gelesen. Sie baut sich aus kleinen Stückchen ihre Person auf. (Abb. 83)

Abb. 82

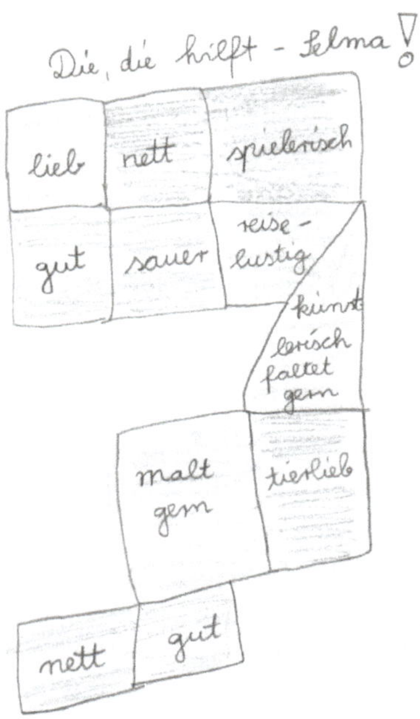

Abb. 83

Florian hat das Buch »Der Hase mit der roten Nase« von Helme Heine gelesen. Er sagt: »Der kleine Hase blutet. Er hat ›Eine‹ auf die Nase gekriegt. Sein Ohr ist auch ganz blau. Da hat einer reingekniffen.« Jan hat »Die Prinzessin und der Boxer« von Helme Heine gelesen. Er sagt: »Die ärgern das kleine Nashorn – du Hänfling – du Schwächling. Er wird geärgert. Er wird erwischt. Er wird von jedem kleinsten Tick umgeschmissen. Sie treten ihn. Ich möchte darüber nicht reden.«

Als Anke den Text von Khalil Gibran »Die Kinder« mit mir zu lesen übte, sagte sie: »Ich möchte das immer und immer wieder lesen: ›Sie kommen durch euch, doch nicht von euch und sind sie auch bei euch, so gehören sie euch doch nicht.‹ Solche schönen Sätze, Frau Manske, kennt nur, wer lesen lernt.«

Das Lernen der Lautsprache während der sensitiven Phase der Sprachentwicklung

Wenn Jona den Kopf oder die Hände von links nach rechts bewegt, wenn er »Nononno« sagt, kommuniziert er. Er sagt zur Mutter »Nein« und meint z.B.: »Ich will keinen Brei« und gleichzeitig hört er auf sich. »Nein« bedeutet für ihn und für seine Mutter, dass er satt ist. Er baut eine Beziehung zu sich und zu seiner Mutter auf. Wenn das Kind kommuniziert, dann ist es gleichzeitig für sich und für jemand anderen. Dann macht das Selbst Erfahrung und gleichzeitig erfährt das Selbst sich. Es entwickelt Selbst-Bewusstsein. Ich war drei Jahre alt. Mein Opa war Bauer. Ich hörte: »Regen – wir warten auf Regen.« Ich fragte meine sechsjährige Schwester: »Was ist Regen?« Sie sagte: »Kleine Punkte aus Wasser, die fallen vom Himmel.« Ich erinnere mich noch wie heute, wie ich auf dem Hof stand und die Augen zukniff. Ich sah kleine Punkte vor meinen Augen. Ich sagte zu meiner Schwester: »Wenn ich die Augen zukneife, dann sehe ich Regen.« Sie sagte: »Es regnet nicht.« Als der Regen kam, stand ich allein auf dem Hof. Ich sehe noch den Hund, wie er sich vor die Tür legte. Ich fühlte die Tropfen auf meinem Gesicht. Ich spürte sie auf meinen Händen. Vorher gehörte das Wort Regen nur meiner Schwester. Jetzt kam das Wort und der Regen zu mir. »Opa, der Regen ist da.« Er nahm mich an die Hand und wir teilten die Erfahrung und das Wort Regen. Ich spürte den Regen und mich selbst in einem Augenblick.

Ich las mit den Schülern einer Werkstatt für geistig Behinderte ein Gedicht. Als Anke den Satz las: »Der Acker glänzt«, stoppte sie. Dann weinte sie bitterlich. »Weshalb weinst du?« »Ich weiß nicht was Acker ist.« Marion verstand sie: »Das ist bei uns geistig Behinderten so. Ich weiß auch oft nicht, was die Wörter heißen, und ich weiß oft nicht, was die sagen.« Der menschliche Geist erwacht mit seinem ersten Wort, das ein anderer Mensch versteht und entfaltet sein Selbstbewusstsein in der Kommunikation. Jedes Kind hat ein Recht auf Sprache und Schrift von Anfang an. Von einigen Müttern der Kinder mit Trisomie 21 habe ich oft gehört, dass ihre Kinder, wenn sie ein Jahr alt waren, Laute von sich gegeben hatten und erst ab dem zweiten Lebensjahr ganz verstummt sind. Die Eltern warteten. Als Helen mit eineinhalb Jahren zu mir kam, riet ich der Mutter alle ihre Lippenbewegungen und auch ihre Laute nachzuahmen. Diese Mühe wurde belohnt. Mindestens eine Stunde am Tag ahmte Helens Mutter ihre Lippenbewegungen und ihre Laute nach. Zuerst waren es sehr leise Schmatzlaute. Aber bereits nach drei Wochen babbelte Helen von morgens bis abends. Sie babbelte auch laut vor sich hin, wenn sie allein spielte. Mit drei Jahren sagte sie: »I am pretty«. Helen ist jetzt vier Jahre alt. Sie hatte keine stumme Phase.
Marvin, Josefine, Phillip, Simon und Timo waren zwischen zwei und vier Jahren, als sie zu mir kamen. Sie waren stumm. Zuerst lernten sie die Kommunikation mit Hilfe

von Handzeichen. Die ersten Ein-Wort-Sätze waren »essen« und »trinken«. Wir konnten beobachten, dass die Handzeichen zunehmend auch die Zungen- und Lippenbewegungen steuerten. Timos erstes Wort war »Keks«. Er drückte den rechten Zeigefinger auf den linken Handrücken. Zuerst sagte er »Tete« – dann – »Tetz« – dann wider Erwarten sprach er das Wort »Keks« vollkommen richtig aus. Je größer das Motiv zu sprechen ist, umso eher sprechen die Kinder selbst das vom logopädischen Standpunkt her schwierigste Wort aus. Als Phillip sah, dass in der Lokomotive die Batterie fehlte, sagte er: »Battrie«. Es war das erste Wort, das ich von ihm hörte. Er liebte das »Sch, sch« der Lokomotive und er vertraute mir, dass ich die fehlende Batterie ersetzen würde. Ein Kind spricht möglicherweise erst dann, wenn es die Erfahrung gemacht hat, dass der Erwachsene mit ihm nicht nur die objektive Bedeutung teilt, sondern auch den persönlichen Sinn. Zufällig hörte ich auf arte eine autistische Frau. Sie erklärte, dass sie darunter gelitten hatte die Konsonanten nicht zu hören. »Sagen Sie nicht milk, sondern sagen Sie m m i l l k k.« Nachdem sich Josefines Eltern und Omas bemühen s s o – z z u – s s p p r r e ch ch e n n und nach jedem Wort – eine – Pause – zu – machen, spricht Josefine auch Sätze im Konjunktiv nach: »Ich – hätte – dir – gerne – ein – Stück – Schokolade – gegeben.«

Die Lautsprache wird in folgenden Stufen gelernt:

1. Die Stufe des Säuglingsalters
   Die Säuglinge lernen die gezielte Zungen- und Lippenbewegung. Beim Füttern halten die Eltern den Löffel vor den Mund und begleiten die Lippenbewegung mit Schmatzlauten. Die Eltern ahmen die Lippenbewegungen und Laute der Kinder nach.
2. Die Stufe des Kleinkindalters
   Die Kinder lernen Handzeichen, die ihnen helfen zu kommunizieren und die Lautsprache zu steuern
3. Die Stufe des Vorschulkindes und des Schulkindes
   Die Kinder lernen die Handzeichen und die Schriftzeichen für die sinngebenden Laute, um die Lautsprache mit Hilfe der Handzeichen und der Schriftzeichen konstruieren zu können.

Nachtrag:

Alle vier Kinder, die bereits ab dem ersten Lebensjahr gefördert wurden, entwickelten keine stumme Phase, sodass die Handgebärden von Anfang an die Lautsprache lediglich unterstützten.

Die Kinder müssen während der sensitiven Phase der Sprachentwicklung zwischen dem zweiten und vierten Lebensjahr kommunizieren und Subjekt-Prädikat-Objekt-Sätze aufbauen. Wenn diese Zeit nicht genutzt wird, sind sie für ihr späteres Leben irreversibel benachteiligt. Denn ab dem siebten Lebensjahr kann sich das logische Denken nur entwickeln, wenn die Kinder bis zu diesem Zeitpunkt eine Grammatik gelernt haben. Die Kinder mit Trisomie 21 haben in der Regel Hörprobleme, sodass es ihnen schwer fällt die Lautsprache differenziert zu hören. Außerdem haben sie nicht genügend Muskelpropriozeptoren, um vor dem fünften Lebensjahr differenzierte Zungen- und Lippenbewegungen aufbauen zu können. Daher sind sie darauf angewiesen, zuerst mit Hilfe von Handzeichen zu sprechen bzw. ihre Lautsprache zu verdeutlichen und später die Lautsprache mit Hilfe der Handzeichen für die Buchstaben zu konstruieren. Nach dem siebten Lebensjahr ist die sensitive Phase für den Aufbau der Sprache und der Grammatik beendet. Danach wird es sehr schwer die Sprache zu lernen. Ein zweijähriges Kind lernt in einem Jahr in China chinesisch. Wir würden als Erwachsene mehrere Jahre brauchen.

Sprachlosigkeit ist Einsamkeit. Das ist die geistige Behinderung. Die Überwindung der Sprachlosigkeit ist nur dann möglich, wenn ein Mensch von einem anderen geliebt wird und Vertrauen entwickelt.

Donna Williams, die den Autismus überwindet, schreibt: »Wir hatten beide Angst, wussten aber auch beide, dass wir miteinander sicher waren. Meine Hand wurde irgendwie auf mein Bein gelegt. Plötzlich spürte ich ein inneres Gefühl in meiner Hand und in meinem Bein gleichzeitig. Ich kann meine Hand u n d mein Bein fühlen. Es war die größte greifbare Sicherheit, dass ich mir selbst gehörte, die ich je gekannt hatte. Es gab kein schöneres Gefühl, als die Geborgenheit in sich selbst.« Die erste Geborgenheit entwickelt das Baby im Mutterleib. »Das war die erste Geborgenheit im Leben, die mir gefehlt hatte.« Donna Williams schreibt ihrem Freund: »Ich habe so großes Glück mit dir erlebt, dass ich weiß, dass es ihn (den Kampf gegen den Autismus) wert ist. Manchmal ist es so schwer, mit einem riesigen, überwältigenden, unsichtbaren Monster zu kämpfen, ihm wegzulaufen und zu überlisten. Ich bereue es nicht. Ich konnte nichts dafür, wie es gelaufen ist. Du bereust es nicht. Es wird vielleicht immer schwer für uns sein, aber nie mehr auf die gleiche Weise, wie es das mit anderen Menschen war. Ich werde nicht vor dir weglaufen, dich nicht verlassen und nicht austauschen, weil ich um mich kämpfe. Dies Leben gehört nicht dem Autismus, es gehört mir. Der Autismus steht genau so wenig auf der Seite von »einfach sein« wie »die Welt«, aber ich stehe auf der Seite von »einfach sein«, und du auch, und um dieses Recht werde ich kämpfen oder bei dem Versuch sterben. Immer deine Freundin. Donna.« (Williams 1994, S. 322ff.)

Die Kinder zu lieben heißt, mit ihnen gemeinsam zu kämpfen, nicht weglaufen, nicht resignieren, nicht aufhören zu forschen.

Literaturverzeichnis

Bloch, E.: Karl Marx und die Menschlichkeit. Roro, Reinbek 1969.

Ciompi, L.: Affektlogik. Klett-Cotta, Stuttgart 1994.

Degré, T.: Tippi aus Afrika. Ullstein, München 2001.

Elkonin, D.B.: Zum Problem der Periodisierung der psychischen Entwicklung im Kindesalter. In: Psychologische Probleme der Entwicklung sozialistischer Persönlichkeiten, Konferenzbericht. Volk und Wissen, Berlin(Ost) 1972, S. 212.

Freire, P.: Pädagogik der Unterdrückten. Roro, Reinbek 1973.

Galperin, P.: Die Entwicklung der Untersuchungen über die Bildung geistiger Operationen. In: H. Hiebsch (Hrsg.): Ergebnisse der sowjetischen Psychology. Klett, Stuttgart 1969.

Gibran, K.: Der Prophet. DTV, München 2002.

Jantzen, W. (Hrsg.):Jeder Mensch kann lernen. Luchterhand, Berlin 2001.

Kaufmann, B. N.: Ein neuer Tag. Gustav Lübbe Verlag, Bergisch Gladbach 1996.

Leontjev, A. N.: Funktionelle Systeme. In: Th. Kussmann: Bewusstsein und Handlung Huber, Bern 1971.

Mann, I.: Bildkarten der sinngebenden Laute. Elbe-Werkstätten GmbH, Hamburg 1991.

Mann, I.: Die Ewigkeit ist jetzt. Beltz, Weinheim/Basel 1993.

Mann, I.: Die Kraft geht von den Kindern aus. Beltz, Weinheim/Basel 1994.

Mann, I.: Schlechte Schüler gibt es nicht. Beltz, Weinheim/Basel 1994.

Mann, I.: Lernen können ja alle Leute. Beltz, Weinheim/Basel 1995.

Manske, C.: Die Zone der nächsten Entwicklung als Ausweg aus der Psychose. In: Feuser, G./Berger, E. (Hrsg.): Erkennen und Handeln. International Cultural-historical Human Sciences, Berlin 2002.

Obuchova, L.: Einführung in das Problem der Entwicklungsaufgaben im Kontext der Theorie von Vygotskij und seiner Schule. In: Mitteilungen der Luria-Gesellschaft 4 (1997) I/II, Bremen 1997.

de Saint-Exupéry, A.: Der kleine Prinz. Karl-Rauch Verlag, Düsseldorf 1998.

Talyzina, N.F.: Die Tätigkeitstheorie des Lernens als Grundlage einer neuen Didaktik. In: Jantzen, W. (Hrsg.): Jeder Mensch kann lernen. Luchterhand, Berlin/Neuwied 2001.

Verband evangelischer Einrichtungen für Menschen mit geistiger und seelischer Behinderung e.V. (Hrsg.): Schau doch meine Hände an. Diakonie Verlag, Reutlingen 1995.

Vygotskij, L. S.: Zur Psychologie und Pädagogik der kindlichen Defektivität. In: Die Sonderschule 20 (1975) Heft 2.

Vygotskij, L. S.: Ausgewählte Schriften, Band 1. Pahl-Rugenstein, Köln 1985

Vygotskij, L. S.: Ausgewählte Schriften, Band 2. Pahl-Rugenstein, Köln 1987.

Williams, D.: Wenn du mich liebst, bleibst du mir fern. Hoffmann und Campe, Hamburg 1994.

Carsten Weißbach

Meine Erfahrungen mit der entwicklungsorientierten Lesedidaktik

Trisomie 21 wurde erstmals im Jahre 1866 von dem britischen Arzt Langdon Down beschrieben. Daher der Ausdruck »Down Syndrom«. Er prägte auf Grund der äußerlichen Erscheinung den Begriff »mongoloide Idiotie« und schrieb: »Diese Kinder haben ein beträchtliches Nachahmungstalent, das genützt werden kann, ihnen praktisches Wissen zu vermitteln.« Diese Beschreibungen von Trisomie 21 sind nicht zutreffend.

Ich hatte die Möglichkeit, während meines Praktikums im Christel-Manske-Institut, nach der entwicklungsorientierten Lesedidaktik von Dr. Christel Manske mit zwei Jungen im Alter von sieben Jahren zu arbeiten.

Für mich ist die Aussage von N. F. Talyzina eine Herausforderung: »Es scheitern immer die Lehrer im Unterricht – es scheitern nie die Kinder. Jedes Kind will lernen.«[2] In der Tat entsprach das Verhalten der beiden Jungen allen »Vorurteilen«. Beide sprachen in Einwortsätzen. Beide waren nicht in der Lage, ohne meine Hilfe konstruktiv mit Legoklötzen, Puzzles, Miniaturen, Knete, Puppen, Autos usw. zu spielen.

Der Prozess des Lesen- und Schreibenlernens zweier Kinder mit Trisomie 21 anhand einer exemplarischen Auswahl von Stunden.

Thomas

Seit April 1999 kommt Thomas zur Therapie. Thomas besucht die zweite Klasse einer Integrationsschule. In der Schule ist er schon mit fünf Buchstaben »in Kontakt« gekommen. Da er sie mechanisch auswendig gelernt hat, verwechselt er sie.

Seine sprachlichen Äußerungen mir gegenüber beschränken sich auf Einwortsätze, die meist verneinenden Charakter haben. Seine Sätze sind »Nein«, »Stopp« und »Mama«. Zu Beginn der ersten 10 Stunden muss ich Thomas in das Therapiezimmer tragen. Er liegt immer auf dem Sofa im Wartezimmer und sagt »Nein« – jedoch mit einem erwartenden Lächeln auf den Lippen. Mir wird klar, dass »Nein« für ihn mehrere Bedeutungen hat. In diesem Fall heißt »Nein«: »Bitte trage mich ins Zimmer«. Im Laufe der ersten Stunden merke ich, dass dieses Wort für ihn einerseits wirklich »Nein«, andererseits aber auch »Ja« bedeuten kann.

Ich muss mit Thomas herausfinden, was und wie er lernen will. Er sucht sich selbst einen Gegenstand aus dem reichhaltigen Sortiment an Spielsachen heraus. Freude und Erfolgserlebnisse kann ich beobachten, wenn wir gemeinsam Steckbilder anfertigen. Ich lasse Thomas von mir aufgemalte Schablonenbilder – die er sich aussucht – ausmalen oder mit Knete ausfüllen. Diese Übung dient dem Zweck, Figur und Hintergrund zu erkennen. Denn wie soll er Lesen und Schreiben lernen, wenn er auf dem Papier keine Umrisse bzw. Figuren erkennt? Thomas zeigt z.B. keine Freude daran, sich Bilderbücher anzuschauen.

Er hat aber Freude daran, mit den Miniaturen, wie z.B. Elefant, Dinosaurier und Löwen zu spielen. Zu den Miniaturen lege ich dann entsprechende einteilige Puzzlebilder. Thomas lernt, sie auf ein Blatt zu legen, zu umranden und mit Knete auszufüllen. Diese Methode – Knetbilder anzufertigen – kenne ich von Frau Obuchova. Später habe ich die Knetbilder durch auszumalende Bilder ersetzt. Ich halte die Schablone fest und er malt den Umriss nach. Nach einigen Stunden fiel mir auf, dass sein Malen sich veränderte. Zuerst sah er den Rand nicht, doch nach etwa 10 Bildern blieb er in der Umrandung.

Jetzt war Thomas in der Lage, die Tiere, die er ausgemalt hatte, auch in den Bilderbüchern wiederzuerkennen. Nun wollte er sie bezeichnen. Dies fiel ihm noch schwer – statt »Löwe« sagte er »öw«. Statt »Tiger« »iga«. Aber ich verstand ihn und mir schien es, dass es ihn glücklich machte. Mir fällt auf, dass er jetzt das Wort »Nein« adäquat einsetzt.

Entsprechend der Auffassung von Frau Manske wird die Lautsprache bei Kindern mit Trisomie 21 durch die Gebärden und die Schriftsprache aufgebaut. Deshalb fangen wir mit der entwicklungsorientierten Lesedidaktik an. Das Leseprogramm beginnt mit den sinngebenden Lauten, die als Handlung, Symbol und Zeichen gelernt werden.

Bei den folgenden Beispielen für den Erwerb von Lauten handelt es sich lediglich um Vorschläge, mit denen ich gute Erfahrungen gemacht habe. Sie sind nicht verbindlich. Die Hauptsache ist, dass das Kind zu der jeweiligen Handlung bzw. zu dem jeweiligen Gegenstand einen Bezug herstellen kann. Deshalb können viele Varianten eingesetzt werden.

In der ersten Stunde lerne ich mit Thomas den Laut »Z«. Ein Streichholz, das er entzündet, macht den Laut »Zzz«. Thomas spricht ihn nach. Nach einigen Wiederholungen mache ich ein Polaroidfoto von ihm und seiner Handlung. Auf der Lautkarte erkennt er seine Handlung und das Z wieder. Als Nächstes beklebt Thomas ein Z aus Holz mit Knete. Nach einer Woche erinnert er den Laut.

In der folgenden Stunde lernt Thomas den Buchstaben I. Für diesen Zweck setze ich eine »eklige« Spinne aus Plastik ein. Ich zeige sie Thomas und verdeutliche ihm, dass ich von ihr angewidert bin und gebe den Laut »Iii« von mir. Auch Thomas scheint sich vor der Spinne zu ekeln und sagt ebenfalls »Iii«. Nach einigen Wiederholungen mache ich von ihm und der Spinne ein Polaroidfoto und materialisiere dadurch seine Handlung. Ich gebe Thomas das I als Holzbuchstaben in die Hand und lasse ihn diesen mit Knete bekleben. Als Nächstes zeige ich Thomas eine Karte, auf der eine Frau mit einer Spinne zu sehen ist, die ebenfalls »Iii« sagt. Zum Schluss schneide ich mit ihm ein I aus Wellpappe aus und klebe die gesammelten Werke (Foto, Symbolkarte und das I als Zeichen) in ein für ihn angefertigtes Buch.

Thomas schreibt eine Seite »I's« selbst. Er kann es gar nicht erwarten, neue Buchstaben zu erlernen. Sobald die jeweilige Handlung – die den Anfang des Erlernens eines jeden neuen Buchstabens darstellt – vorüber ist, holt sich Thomas alle Utensilien (Schere, Klebe, Papier etc.), die er benötigt, um eine neue Seite in seinem Buch fertig zu stellen. Wichtig ist ihm, es ohne meine Hilfe zu bewerkstelligen.

Für die nächste Stunde nehme ich mir die Buchstaben M und S vor. Thomas beklebt in einer enormen Geschwindigkeit den ersten Buchstaben (M) mit Knete, den wir heute gemeinsam lernen. Zuvor gab ich ihm einen Schokokuss und er artikulierte ohne Probleme den Laut »Mmm«, unterstützt mit der entsprechenden Gebärde (kreisende Bewegung der Hand über dem Bauch). Auch das Einkleben des ausgeschnittenen Buchstabens und des Fotos in sein Buch erledigt er mit größter Sorgfalt. Gegen Ende der Stunde bitte ich ihn, mir alle bis jetzt vorhandenen Buchstaben (I, Z, M. S) in seinem Buch vorzulesen.

Bis auf das S liest er alle fehlerfrei. Das S kann er nicht erkennen, da die Stoffbiene, mit deren Hilfe ich ihm das Zeichen beibringen wollte, keine Geräusche macht. Deshalb ergibt das S für ihn keinen Sinn, hat keine Bedeutung. Für mich heißt das, dass ich zur nächsten Stunde eine summende Biene mitbringen werde.

Thomas liest zu Beginn der Stunden immer alle bisher gelernten Buchstaben aus seinem Buch vor. Unterstützend lasse ich ihn – mit Hilfe eines Memoryspiels – Symbole den entsprechenden Lauten zuordnen. Diese spielerischen Elemente bereiten Thomas große Freude. Er lacht häufig und ich stelle fest, dass er sehr stolz auf seine Leistungen ist. Er erkennt alle Buchstaben auf Anhieb.

In der nächsten Stunde beschränken wir uns auf den Buchstaben »O«, den wir in allen Variationen »behandeln« (Foto, Bilderkarte, Ausschneiden, Kneten, Malen). Das »O« lernt Thomas über den Laut des Bewunderns. Eine Rose dient uns hierzu.

Von Thomas' Mutter erfahre ich folgende Geschichten: Als sie mit ihm bei der Ergotherapeutin war, sagte Thomas zu ihr: »Mama, das kann ich alles lesen.« Er las – mit Gebärden und lautsprachlich – alle Buchstaben des Schildes »Praxis für Ergotherapie Meier« vor. Er kann das Gelernte übertragen. Auch zu Hause integriert Thomas das Gelernte in seinen Alltag. Thomas sah eine Blume aus Holz. Sofort sagte er »O« und lief zu seinem Buch, um seiner Mutter den Buchstaben zu zeigen, den wir mit einer Rose gelernt hatten.

Thomas erlernte mit dieser Methode alle Buchstaben des Alphabets. Diese Beispiele sollen ausreichen, um zu zeigen, *wie* Thomas sich die sinngebenden Laute aneignete. Nun arbeiten wir mit einem so genannten Lesekoffer. Auf verschiedenen Bildkarten mit jeweils sechs Bildern von Gegenständen werden die entsprechenden Worte mit Plastikbuchstaben gelegt. Beispiel: Thomas will das Wort »KIWI« legen. Bevor wir es schreiben, essen wir eine Kiwi. Die Plastikbuchstaben für das Wort »Kiwi« werden ausgewählt. Ich sage nun »Nimm den Buchstaben K« usw. Alles wird mit Handzeichen unterstützt. Anschließend schreibe ich den Satz »Thomas isst eine KIWI« auf Papier. Der Satz wird ohne das Wort Kiwi aufgeschrieben und Thomas legt die Buchstaben des fehlenden Worts in den Satz.

Inzwischen kann Thomas Wörter mit dem Buchstabenkoffer legen und lesen.

Malte

Für die Arbeit mit Malte habe ich folgende Eintragungen als Beispiele aus meinem Protokollheft ausgewählt: Wie schon bei Thomas beginne ich auch bei Malte mit dem Buchstaben Z. Malte macht so gut mit, dass wir innerhalb einer Stunde die Zeichen Z, ß und S mit allen dazugehörigen Schritten in sein Buch eintragen können. Malte wirkt fröhlich und kooperativ.

Heute ist Malte »nörgelig«. Er zeigt keine Freude daran, einen Buchstaben zu lernen. Ich habe das Gefühl, dass ich ihn mit den Buchstaben (I und O) nicht erreiche. Ich kann ihn nur schwer motivieren. Vor und nach dem Lernen spielen wir gemeinsam Ballwerfen. Hierbei jauchzt und lacht er die ganze Zeit und möchte gar nicht mehr aufhören. Die Buchstaben aus seinem Buch kann er *alle* vorlesen.

Heute lerne ich mit ihm die Buchstaben T und M (vgl. Kapitel »Die entwicklungsorientierte Lesedidaktik«). Als nächster Schritt liegt nun das Schreiben und Lesen von Wörtern vor uns. Es stellt sich bei Thomas und Malte schnell heraus, dass sie Probleme beim Schreiben der Buchstaben haben. Auf Grund dieser Schwierigkeit besorge ich das Alphabet in Form von Stempeln und ein Stempelkissen mit abwaschbarer Tinte. Die ersten Versuche sehen abenteuerlich aus.

Aus den Schablonenbildern sucht sich Thomas die Birne heraus. Erst umrandet er sie und malt sie anschließend aus. Ich schreibe das Wort neben sein Bild und ziehe darunter einen Strich. Nun fordere ich ihn auf, »BIRNE« auf die Linie zu stempeln. Er stempelt jedoch wild auf dem Blatt herum. Frau Manske sagt, ich solle die Freiheitsgrade eingrenzen, indem ich für jeden Buchstaben ein Kästchen male. Und siehe da: Hochkonzentriert und sauber stempelt Thomas das Wort in die Kästchen. Das Gleiche wiederholen wir mit dem Begriff »MAUS«. Malte bereitet das Stempeln ebenfalls große Freude.

Für die nächste Stunde planen wir eine Kochstunde. Er lernt jetzt, seine Handlungen zu bezeichnen. Beispiel: »ICH HOLE WASSER«. Erst soll er den Satz nachsprechen und dann die Handlung ausführen. Sämtliche Handlungen werden mit Sprache kommentiert. Die Handlung wird als Polaroidfoto materialisiert und schließlich wird der Satz in sein Buch gestempelt.

Die Instruktionen des Stempelns geben wir auch an die Eltern, die Lehrer und die Erzieher der Kinder weiter. Durch das viele Üben erzielen beide Kinder schnell hervorragende Ergebnisse.

Wir beginnen heute wieder mit dem Stempeln – diesmal gleich mit Kästchen. Akribisch genau stempelt Malte das Wort »MAUS«. Konzentriert und gut gelaunt arbeitet er mit. Danach spielen wir mit seinen Lieblingspuppen »Kasper und Teufel kochen Spaghetti«. Malte lernt viele neue Begriffe (Nomen z.B.: Pfanne, Topf, Messer, Gabel. Verben: z.B.: Rühren, schneiden, gießen).

Malte kommt hoch motiviert ins Institut und arbeitet sehr fleißig auch außerhalb der Stunden. Er stempelt »wie ein Weltmeister« – mittlerweile auch im Hort. Er hat eine dicke Mappe mitgebracht, in der seine Arbeiten enthalten sind, die er in der Schule und im Hort angefertigt hat. Er fängt jetzt an, richtig zu lesen. Nicht nur Wörter, sondern vollständige (kurze) Sätze. Als ich mit ihm heute die Stunde beginne, stellt er sich als Lehrer vor und sagt mir, was ich zu tun habe.

Heute kommt Malte mit dem Vorsatz, spielen zu wollen, herein. Er nimmt die Teufelpuppe aus dem Regal und wir entwickeln ein Rollenspiel. Wir vereinbaren, die gespielte Handlung später aufzumalen und aufzuschreiben. Wir spielen mit den beiden Teufeln und der Schlange. Dann malen wir die gespielte Handlung als Comic auf und ich schreibe einen Lückentext: »DER TEUFEL SUCHT DIE _ _ _ _ _ _ _ _« und lasse dabei das Wort »Schlange« aus. Danach stempelt Malte das fehlende Wort ohne Hilfe in die Kästchen.

Abb. 84 Malte diktiert

ABB. 85 Malte legt mit dem Lesekoffer Wörter und liest sie.

Anhang

Ludmilla Filipovna Obuchova, Moskauer Staatsuniversität

Einführung in das Problem der Entwicklungsaufgaben im Kontext der Theorie von Vygotskij und seiner Schule*

Lev S. Vygotskij hat eine wirkliche Revolution in der Entwicklungspsychologie vollzogen. Er hat ein neues Verständnis von Verlauf, Bedingungen, Ursachen, Form, Besonderheiten und motivationalen Kräften der kindlichen Entwicklung angeregt; er hat die Stufen der kindlichen Entwicklung und die Übergänge von einer Stufe zur anderen beschrieben; er hat die grundlegenden Gesetze der psychischen Entwicklung des Kindes aufgedeckt und erforscht.

Vygotskij rekonstruierte die Psychologie auf der Basis fundierter philosophischer Analyse. Für ihn hatte die folgende Frage zentrale Bedeutung: Wie überwindet der Mensch im Prozess der Entwicklung den Bereich seiner tierischen Natur? Wie entwickelt er sich im Verlauf seines gesellschaftlichen Lebens als kulturelles und arbeitendes Lebewesen? Nach Ansicht von Vygotskij sind die Menschen im Prozess ihrer historischen Entwicklung zur Erschaffung neuer Triebkräfte für ihr Verhalten gelangt. In dem Prozess gesellschaftlichen Lebens sind neue Bedürfnisse aufgetreten, haben sich ausgeformt und entwickelt und die natürlichen Bedürfnisse haben in der historischen Entwicklung einen tief gehenden Wandel durchlaufen.

Es ist Vygotskijs Verdienst, dass er als Erster das historische Prinzip in das Gebiet der Kinderpsychologie einführte. »Bis in die Gegenwart – so schrieb er – bestand die Tendenz, die Idee der historischen Psychologie in einem falschen Lichte wahrzunehmen. Viele Psychologen identifizieren die Historie mit der Vergangenheit. Historisch zu forschen bedeutet für sie notwendigerweise, bestimmte Fakten der Vergangenheit zu erforschen. Zwischen historischer Forschung und Erforschung der gegenwärtig existierenden Formen eine undurchdringbare Mauer zu errichten, bezeugt jedoch ein naives Verständnis. Historische Forschung meint hingegen einzig und allein die Anwendung der Kategorie ›Entwicklung‹ auf die Erforschung der Phänomene. Etwas historisch zu studieren, bedeutet es in seiner Bewegung zu erforschen. Dies ist die Haupterfordernis der dialektischen Methode.« /1, 62/

* Vortrag von L.F. Obuchova zur Eröffnung des Christel-Manske-Instituts in Hamburg am 18.3.1995. Übersetzt aus dem Englischen und bearbeitet von W. Jantzen. Literaturhinweise im Orginalmanuskript in Schrägbalken / /; bei der deutschen Bearbeitung hinzugefügte Literaturnachweise in Klammern ( ). Soweit deutsche oder englische Übersetzungen der zitierten russischen Literatur vorhanden sind, wurden diese mit ins Literaturverzeichnis aufgenommen. Zur Schreibweise der russischen Namen und Begriffe wurde die wissenschaftliche Transliteration gem. Rechtschreib-Duden gewählt. Für die Aussprache siehe die entsprechende Transkription (ebd.). Erschienen in: Mitteilungen der Luria-Gesellschaft 4 (1997) I/II, 4-23; Nachdruck mit freundlicher Genehmigung der Luria-Gesellschaft e.V.

Jede Form der kulturellen Entwicklung, des kulturellen Verhaltens, so schrieb er, ist in gewisser Hinsicht das Produkt der historischen Entwicklung der Menschheit. Die Transformation des natürlichen Materials in eine historische Form erfolgt im Prozess einer komplexen Veränderung des Entwicklungstyps statt im Prozess der biologischen Reifung.

Alle Theorien der kindlichen Entwicklung, die zu Vygotskijs Lebzeiten existierten, betrachteten diesen Prozess von einem biologisierenden Standpunkt aus. Dies ist bei einem Blick auf Abbildung 1 zu erkennen.

Sie zeigt mögliche Antworten der Hauptvertreter wissenschaftlicher Konzeptionen zu Fragen der Parameter der kindlichen Entwicklung: Verlauf, Bedingungen,

Psychologen	**Entwicklungsverlauf**	**Bedingungen**	**Quelle**	**Entwicklungsform**	**Entwicklungsbesonderheit**	**Triebkräfte der Entwicklung**
St. Hall *K. Bühler* *E. Thorndike* *W. Stern* *K. Koffka* *S. Freud* *J. Piaget* *A. Bandura* *E. Erikson*	Vom Individuellen zum Sozialen (Sozialisation)	Erbe und Umwelt	Innerhalb des Individuums: In seiner Natur	Anpassung	Unterschiedliche Formen des Rekapitulationskonzeptes: 1. Wiederholungstheorie 2. Nützlichkeitstheorie 3. Konformitätstheorie	Zwei Faktoren Konvergenz Epigenese
L.S. Vygotskij *A.N. Leont'ev* *D.B. El'konin* *P.Ya. Galperin* *V.V. Davydov*	Vom Sozialen zum Individuellen (Gesetz der höheren psychischen Funktionen)	Morphophysiologische Eigenschaften und Kommunikation	Außerhalb des Individuums: Umwelt	Aneignung (durch Interiorisation*)	Kindliche Entwicklung folgt nicht den biologischen sondern den sozial-historischen Gesetzen	Erziehung Tätigkeit

* Einfügung des Übersetzers

Abb. 1: Parameter der kindlichen Entwicklung und ihr Verständnis in unterschiedlichen wissenschaftlichen Konzeptionen

Ursachen, Formen, Besonderheiten und Triebkräfte. Wir lesen hier die Namen berühmter westlicher Psychologen. Jeder von ihnen schuf eine eigene psychologische Theorie kindlicher Entwicklung.

So beschreiben alle gegenwärtigen Theorien den Verlauf der kindlichen Entwicklung als einen Übergangsprozess vom Individuellen zum Sozialen. Deshalb verwundert es auch nicht, dass für die westliche Psychologie ohne Ausnahme das Problem der Sozialisation an zentraler Stelle steht, das Problem des Übergangs vom biologischen Leben zum Leben der sozialisierten Persönlichkeit.
Bedingungen der Entwicklung sind entsprechend der Beschreibung durch die prominentesten Vertreter der westlichen Psychologie Erbe und Umwelt. Sie alle suchen innerhalb des Individuums, innerhalb seiner Natur nach der Quelle der Entwicklung. Jedenfalls ist ein Verständnis von Entwicklung als Anpassung an die Umgebung die Hauptcharakteristik dieser Konzepte. Es bildet ihren biologisierenden Kern. Moderne psychologische Konzeptionen der kindlichen Entwicklung ziehen als Basis nicht nur den Vererbungsprozess heran, der große Bedeutung besitze, sondern ebenso die biologische Anpassung, was praktisch keine Differenz zwischen kindlicher und tierischer Entwicklung begründet.

Vygotskij beantwortet diese Fragen anders. Seiner Auffassung nach dient bezüglich des Auftretens höherer psychischer Funktionen die Umwelt als Ursache der Entwicklung. Es sei erinnert an Karl Marx‘ Auffassung von der Industrie als »sinnlich vorliegender menschlicher Psychologie« (MEW Erg. Bd. 1, 542). Nach Auffassung von Karl Marx – Vygotskij teilte diese seiner Ideen! – entspricht die Aneignung eines bestimmten Satzes von Produktionsinstrumenten der Entwicklung eines bestimmten Satzes von Wesenskräften der Individuen /2/. In diesem Sinne sind Menschen soziale Lebewesen und ohne sozialen und sprachlichen Verkehr mit der Gesellschaft können sie nicht ihrer eigenen Fähigkeiten entwickeln, die als Resultat der Entwicklung der Menschheit ausgebildet werden.

Von Vygotskijs Standpunkt aus erscheinen die höheren psychischen Funktionen zunächst als eine Form kollektiven Verhaltens eines Kindes, als eine Form der Zusammenarbeit mit anderen Menschen, und erst später werden sie zu individuellen Funktionen für das Kind selbst. So ist z.B. das Sprechen zunächst ein Mittel der Kommunikation zwischen den Menschen, dann, indem es sich entwickelt, verlagert es sich nach innen und beginnt intellektuelle Funktionen zu realisieren.

Vygotskij hob hervor, dass die Beziehung zur Umwelt sich mit zunehmendem Alter wandelt und sich deshalb auch die Rolle der Umwelt in der Entwicklung verändert. Er betonte, dass es notwendig sei, die Umwelt nicht als absolut sondern als relativ zu betrachten, da ihr Einfluss durch die Erfahrungsbildung des Kindes determiniert ist. So wie Bo□ovi? später hervorhob: »Das Konzept der Erfahrungsbildung, eingeführt durch L.S. Vygotskij, hat analytisch die bedeutsamste psychologische Realität hervortreten lassen und aufgezeigt. Von ihr ausgehend muss man das Studium der Rolle der Umwelt für die Entwicklung des Kindes beginnen. Die Erfahrungsbildung ist wie ein Samenkorn, das die gesamte Vielfalt der Einflüsse unterschiedlicher innerer und äußerer Umstände enthält.« /1/

Die Besonderheit der kindlichen Entwicklung liegt in der nicht bestehenden Konformität mit dem Wirken biologischer Gesetze, welchen die tierische Entwicklung folgt. Sie folgt sozial-historischen Gesetzen. Der biologische Typus der Entwicklung wird durch Anpassung an die Natur, durch Vererbung der Gattungsmerkmale und durch individuelle Erfahrung realisiert. Ein menschliches Lebewesen verfügt jedoch über keine angeborenen Formen des Verhaltens in der Umwelt. Seine Entwicklung ereignet sich durch die Aneignung der historisch geschaffenen Formen und Arten der Tätigkeit.

Später wurden die Bedingungen der Entwicklung in weiteren Details durch A.N. Leont'ev /14/ beschrieben. Dies sind morpho-physiologische Eigenschaften des Gehirns und der Kommunikation. Diese Bedingungen müssen durch die Tätigkeit des Subjekts aktiviert werden. Die Tätigkeit erscheint als eine Antwort auf ein Bedürfnis. Bedürfnisse sind ebenfalls nicht angeboren, sie werden herausgebildet und erstes Bedürfnis ist das Bedürfnis nach Kommunikation mit den Erwachsenen besitzen. Auf der Basis dieses Bedürfnisses beginnt ein Baby die praktische Kommunikation mit Menschen, welche später durch Gegenstände und durch Sprechen realisiert wird.

Nach Auffassung von Vygotskij ist die Erziehung – das Lernen des Kindes für sich selbst und mit Hilfe der Erwachsenen – die Triebkraft für die Entwicklung des Kindes. Es ist sehr bedeutsam, dass Entwicklung und Erziehung unterschiedliche Prozesse sind. Wie Vygotskij sagte, verfügt die Entwicklung über innere Gesetze der Selbstexpression. Er schrieb, dass die Entwicklung ein Prozess der Herausbildung eines menschlichen Wesens, einer Persönlichkeit ist, welcher sich durch das Auftreten neuer Eigenarten auf jedem spezifisch menschlichem Stadium realisiert, vorbereitet durch die gesamte vorweggegangene Geschichte der Entwicklung, jedoch in früheren Stadien noch nicht in entwickelter Form existierend.

Vygotskij formulierte eine Reihe von Gesetzen der kindlichen Entwicklung:

1. Die kindliche Entwicklung hat eine komplexe Organisation in der Zeit, ihren eigenen Rhythmus und ihr eigenes Tempo. Diese stimmen nicht überein mit jenem zeitlichen Rhythmus und jenem Tempo, welche in verschiedenen Lebensperioden wechseln. Entsprechend ist ein Jahr im Säuglingsalter nicht gleich einem Jahr im Erwachsenenalter.
2. Das Gesetz der Metamorphose in der kindlichen Entwicklung. Die Entwicklung ist eine Abfolge von qualitativen Veränderungen. Ein Kind ist nicht einfach ein kleiner Erwachsener, welcher weniger weiß, sondern ein Lebewesen, das eine qualitativ verschiedene Psyche besitzt.
3. Das Gesetz der Ungleichzeitigkeit der Entwicklung. Jede Seite in der kindlichen Entwicklung hat ihr eigene optimale Periode der Entwicklung. Dieses Gesetz steht in Verbindung mit Vygotskijs Hypothese vom systemhaften und sinnhaften Aufbau des Bewusstseins.
4. Das Gesetz der Entwicklung der höheren psychischen Funktionen. Die höheren psychischen Funktionen treten zweifach auf, zunächst als Form kollektiven Ver-

haltens und dann als Form der nach innen verlagerten individuellen Funktionen des Kindes selbst. Die Entwicklung der höheren psychischen Funktionen ist mit der Erziehung verknüpft.

Die Erziehung ist aus der Sicht Vygotskijs das innerlich erforderliche allgemeine Moment der Entwicklung, nicht der natürlichen sondern der historischen menschlichen Merkmale. Die Erziehung ist nicht mit der Entwicklung gleichzusetzen. Sie schafft eine Zone der nächsten Entwicklung, welche die inneren Prozesse der Entwicklung aktiviert und in Bewegung setzt, die zunächst nur in der Sphäre der Interaktion mit sozialen Umgebungen und der Kooperation mit anderen Kindern möglich sind. Später jedoch werden sie zum Vermögen des Kindes selbst und gestatten ihm innere Entwicklung.

Vygotskij realisierte die notwendige empirische Forschung der Beziehungen zwischen der Erziehung und der Entwicklung. Er untersuchte Alltags- und wissenschaftliche Begriffe, das Lernen der natürlichen Sprache und von Fremdsprachen, gesprochene und geschriebene Sprache, die Zone der nächsten Entwicklung. Letzteres ist eine herausragende Entdeckung von Vygotskij, die nun überall in der Welt bekannt ist.

Der Begriff der Zone der nächsten Entwicklung besitzt einen bedeutenden theoretischen Wert und steht in Verbindung mit solch fundamentalen Problemen der Kinder- und Pädagogischen Psychologie wie dem Auftreten und der Entwicklung höherer psychischer Funktionen, der Beziehung zwischen Erziehung und intellektueller Entwicklung, den Triebkräften und den inneren Relationen der psychischen Entwicklung des Kindes.

Die Zone der nächsten Entwicklung ist eine Konsequenz aus dem Gesetz des Auftretens der höheren psychischen Funktionen, die zunächst durch gemeinsame Handlungen, in der Kooperation mit anderen Menschen gebildet werden und dann Schritt für Schritt zu internen psychischen Prozessen des Subjekts werden. Während der psychische Prozess bei seiner Ausbildung in gemeinsamen Handlungen sich in der Zone der nächsten Entwicklung befindet, wird er nach vollzogener Ausbildung eine Form tatsächlicher Entwicklung eines Subjekts.

Das Phänomen der Zone der nächsten Entwicklung unterstreicht die führende Rolle der Erziehung in der intellektuellen Entwicklung. »Gute Erziehung ist der Entwicklung stets einen Schritt voraus« schrieb Vygotskij (vgl. 1972, S. 240). In diesem Fall ruft sie viele andere Funktionen ins Leben, die in der Zone der nächsten Entwicklung liegen. Angewendet auf die Schule bedeutet dies, dass die Erziehung sich nicht an schon herausgebildeten Funktionen orientieren darf, nicht an durchschrittenen Zyklen der Entwicklung sondern an heranreifenden Funktionen. Die Möglichkeiten der Erziehung sind größtenteils bedingt durch die Zone der nächsten Entwicklung. Natürlich orientiert sich die Erziehung an den schon durchschrittenen Zyklen der Entwicklung, aber das ist die untere Grenze der Erziehung. Sie kann sich aber auch an den nicht ausgereiften Funktionen orientieren und dies ist die obere Grenze der Erziehung. Zwischen diesen Grenzen befindet sich der optimale Zeitraum der Erziehung. »Die Pädagogik muss sich nicht auf die kindliche Entwicklung von gestern, sondern auf die von morgen orientieren« schrieb Vygotskij (1972, S. 141)

Die Erziehung, welche durch die Zone der nächsten Entwicklung geführt wird, kann die Entwicklung vorwärts leiten, da durch sie der Inhalt der Zone der nächsten Entwicklung zu einem Entwicklungszeitpunkt umgeformt, verbessert und auf das Niveau der aktuellen Entwicklung des nächsten Alterszeitpunktes, zur nächsten Entwicklungsstufe angehoben wird. In der Schule erfüllt ein Kind die Handlungen, die ihm die Möglichkeit zum Wachsen geben. Diese Tätigkeit gestattet ihm mehr zu tun, als es kann. So ist es möglich, dass in der Zone der nächsten Entwicklung aktuelle Entwicklungsaufgaben heranwachsen.

Wie alle wertvollen Konzepte hat der Begriff der Zone der nächsten Entwicklung einen großen praktischen Wert: Er ist nicht nur für das Herausfinden des optimalen Erziehungszeitpunktes von Bedeutung sondern auch für alle Kinder und für jedes Kind. Die Zone der nächsten Entwicklung ist ein Kriterium für die Diagnostik der intellektuellen Entwicklung eines Kindes. Das sie den Bereich der Prozesse widerspiegelt, die noch nicht ausgereift sind, sich aber in Reifung befinden, zeigt sie den inneren Status, die möglichen Fähigkeiten der Entwicklung, und auf dieser Basis kann man wissenschaftlich begründete Prognosen und praktische Empfehlungen geben. Die Bestimmung der beiden Niveaus der Entwicklung – der aktuellen und der möglichen – und damit der Zone der nächsten Entwicklung begründet die normative Altersstufendiagnostik. Sie wurde so von Vygotskij (1987, S. 87) benannt, um sie von der symptomatischen Diagnostik zu unterscheiden, welche nur auf äußeren Anzeichen der Entwicklung beruht. Als ein wichtiges Ergebnis dieser Konzeption kann man den Gebrauch der Zone der nächsten Entwicklung als einen Indikator für individuelle Differenzen der Kinder betrachten.

Vygotskis Hypothese über den systemhaften und sinnhaften Aufbau des Bewusstseins dient als weiterer Nachweis für den Einfluss der Erziehung auf die psychische Entwicklung des Kindes. Entsprechend Vygotskis Theorie darf das Bewusstsein nicht als die Summe separater psychischer Prozesse aufgefasst werden (Wahrnehmung + Gedächtnis + Aufmerksamkeit + Denken ... sind beim fünf Jahre alten Kind nicht gleich dem eines Kindes auf einer anderen Altersstufe (Einfügung des Übersetzers). Auf jeder Altersstufe wird das Zentrum des Bewusstseins durch einen psychischen Prozess geformt, welcher die besten Bedingungen für seine Entwicklung erhält.

Mit dem Aufstellen dieser Idee protestierte Vygotskij gegen den Funktionalismus in der Psychologie seiner Zeit. Er ging davon aus, dass das menschliche Bewusstsein nicht separate Prozesse aufsummiert, sondern dass es ein System, eine Struktur aus ihnen darstellt. Keine einzige Funktion entwickelt sich isoliert, die Entwicklung jeder Funktion hängt von der Struktur ab, zu der sie gehört, und hängt von dem Platz ab, den sie einnimmt. So bildet die Wahrnehmung im frühen Lebensalter das Zentrum des Bewusstseins, im Vorschulalter ist dies das Gedächtnis und im Schulalter ist es das Denken. Nach Vygotskij besteht der Prozess der psychischen Entwicklung in der Reorganisation der Systemstruktur des Bewusstseins, die von Veränderungen in ihrer Sinnstruktur abhängt, d.h. vom Entwicklungsniveau der Verallgemeinerung.

Alter	0–1	1–3	3–7	7–11
L.S. Vygotskij Systemstruktur	nichtdifferenziert	Em M Wahrnehmung A D	D A Gedächtnis W Em	A M Denken W Em
Sinnstruktur		synkretistisch	Komplexe	Begriffe
Charkov-Schule		gegenständliche Tätigkeit (activity)	Tätigkeit (dejatel'nost)	(II)
A.N. Leont'ev		Mittler-Objekt-Aktivität	Spieltätigkeit	Lerntätigkeit
M.I. Lisina	unmittelbare emotionale Kommunikation			
D.B. Elkonin	Motiv – Bedürfnis-Aspekte der Tätigkeit	operational-technische Aspekte der Tätigkeit	Motiv – Bedürfnis-Aspekte der Tätigkeit	operational-technische Aspekte der Tätigkeit (I)
P.Ja. Gal'perin				Herausformung von Begriffen durch Bewahrung (III)
A: Aufmerksamkeit; D: Denken; Em: Emotion; M: Motivation; W: Wahrnehmung				

Abb. 2: Überblick über die Auffassung zur System- und Sinnstruktur des Bewusstseins

Der Wandel der Struktur des Bewusstseins kann als ein bedeutendes Kriterium der Entwicklung des kindlichen Bewusstseins begriffen werden. Aber wie läuft er ab? Kein Lehren kann direkt einen Wandel der Bewusstseinsstruktur bewirken. Der Eingang in das Bewusstsein ist nur durch Sprache möglich. Gemäß Vygotskij wird der Übergang von einer Bewusstseinstruktur zu einer anderen durch die Entwicklung der Verallgemeinerungen vollzogen. Das Niveau der Verallgemeinerung formt die systemhafte und sinnhafte Struktur des Bewusstseins. Im Erziehungsprozess können wir Verallgemeinerungen des Kindes aufbauen, die in die Veränderungen des Systems der Bewusstseinsstruktur eingehen. Vygotskij bemerkte: »Wir lehren für eine Kopeke und erhalten eine Entwicklung für einen Rubel; wir vollziehen einen Schritt in der Erziehung und erhalten hundert Schritte in der Entwicklung«.

Obwohl diese Hypothesen von Vygotskij ein großes Potenzial beinhalten, greifen sie trotzdem in dreierlei Hinsicht zu kurz. Erstens hat das Schema des Bewusstseins einen intellektualistischen Charakter. Es beinhaltet keine Konzeption der emotional-willentlichen Prozesse und der Motivationen. Zweitens reduzierte Vygotskij den Prozess der Entwicklung von Verallgemeinerungen auf die Funktion der sprachlichen

Interaktion der Menschen, auf die Kommunikation des Bewusstseins. Dies war der Grund, warum Vygotskij des Idealismus beschuldigt wurde. Und die dritte Fehlstelle war das Fehlen experimenteller Daten, welche die Hypothesen hätten stärken können. Die Überwindung dieser Mängel begründete die Entwicklungsetappen der Kinderpsychologie in der Sowjetunion.

Die Forschungsarbeiten der Psychologen der Charkov-Schule (A.N. Leont'ev, A.V. Zaporočec, V.I. Asnin, P.Ja. Gal'perin) haben gezeigt, dass die Entwicklung der Verallgemeinerungen eher auf der direkten praktischen Handlung eines Subjekts als auf der Kommunikation des sprachlichen Typs aufbaut. Diese Forschungen gestatteten es, die Behauptung von der bedeutenden Rolle der Tätigkeit (russisch: dejatel'nost) in der menschlichen Entwicklung zu formulieren. Ungleich dem Begriff Unterricht (obučenie), der in gewissem Sinne auf äußeren Zwang verweist, unterstreicht der Begriff »Tätigkeit« (dejatel'nost) die Verbindung zwischen einem Subjekt und Umweltobjekten. Auf Grund der Unmöglichkeit, das Wissen direkt, ohne dessen eigene Tätigkeit in den menschlichen Geist zu überführen, bezog der Begriff »Tätigkeit« das Entwicklungsproblem auf das Kind selbst. Ohne die reale Tätigkeit des Kindes als Subjekt kann sich die Absicht des Erwachsenen nicht realisieren. Die Entdeckung der Bedeutung der kindlichen Aktivität für seine psychische Entwicklung ist der einzige Weg, der aus dem Zwei-Faktoren-Problem herausführt (der Konvergenz von Erbe und Umwelt), das an einem toten Punkt angelangt ist. Dieser Punkt konnte bisher in der westlichen Psychologie nicht überwunden werden.

Der nächste Schritt bestand in der Beantwortung der Frage, ob diese Tätigkeit während der Ontogenese ein- und dieselbe ist. A.N. Leont'ev führte auf der Basis einer großen Anzahl experimenteller Forschungen zur werkzeugnutzenden/gegenständlichen Tätigkeit, zum Spiel und zum Lernen den Begriff der »führenden Tätigkeit«* ein (Monographien von V.V. Davydov, S., L. Novoselova, D.B. El'konin u.a.). Diese Arbeiten warfen eine neue Frage auf: »Wie wird der Übergang von der einen Form der führenden Tätigkeit zu einer anderen ausgeführt?« Entsprechend A.N. Leont'ev erlangen in der Entwicklung der Tätigkeit die von einem Kind erfahrenden Motive Realität in seinem Verhalten. Aber wie werden die Motive herausgebildet?

Der nächste Schritt im Verständnis der kindlichen Entwicklung wurde durch P.Ja. Gal'perin und A.V. Zaporo et in ihren Arbeiten vorbereitet, die sich mit der Struktur der gegenständlichen Handlung und ihrer Herausbildung beschäftigten und hierbei orientierende und ausführende Teile der Handlung unterschieden. Dies war der Beginn von extrem produktiven Forschungen zur funktionalen Entwicklung der Psyche

* Der in der englischen Fassung verwendete Begriff "leading activity" wurde mit »führender« Tätigkeit übersetzt. Dies geschieht abweichend von der in der deutschen Fachliteratur vorherrschenden Übersetzung mit »dominierende« Tätigkeit und entspricht weit eher dem russischen »vedučnaja« bei A.N. Leont'ev (vgl. auch Thyssen 1992). Zur völligen Überbetonung dieses Aspektes der kulturhistorischen Entwicklungspsychologie in der sowjetischen Diskussion, eine Auffassung, welche bis heute noch die deutschsprachige Diskussion beherrscht, siehe Petrovskij (1988).

des Kindes (P.Ja. Gal'perin und seine Mitarbeiter: A.V. Zaporo ec, L.A. Venger, N.F. Talyzina u.a.)

D.B. El'konin, der diese Ideen teilte, formulierte die Frage: »Was ist der Sinn der gegenständlichen Handlungen für das Kind? Zu welchem Zweck dienen sie?« Entsprechend seinen Annahmen haben menschliche Handlungen eine komplexe Struktur: Neben den Orientierungs- und Ausführungsteilen muss man den Sinn von Handlungen notwendigerweise als auf eine andere Person ausgerichtet bestimmen. Dieser Sinn ist die Ursache für die Ausführung der Handlung. Jede Handlung wird wegen anderer Menschen vollzogen. Nach El'konin (vgl. El'konin 1972, Venger u.a. 1989) beginnt der Prozess der Entwicklung mit der Herausbildung der motivationalen Seite der Aktivität, da anderenfalls die gegenständlichen Handlungen keinen Sinn in sich tragen. Erst hiernach erfolgt die Bildung der gegenständlich-technischen Seite. Zur entsprechenden Veränderung der Tätigkeitstypen siehe Abbildung 2.

D.B. El'konins Konzeption überwindet eine der ernsthaften Schwachstellen der westlichen Psychologie, die es mit dem Problem der zwei voneinander getrennten Welten zu tun hat – der Welt der Objekte (Piagets Theorie) und der Welt der menschlichen Individuen (Freuds Theorie). D.B. El'konin zeigte auf, dass diese Spaltung künstlich war. Die menschliche Handlung hat tatsächlich zwei Gesichter, sie beinhaltet die Seite des menschlichen Sinns und die Seite der Operationen. In der Welt der menschlichen Individuen gibt es keine Welt der physikalischen Gegenstände, hier existiert bloß die Welt der sozialen Gegenstände, welche auf bestimmte, sozial entwickelte Weise die sozial gebildeten Bedürfnisse befriedigen. Sogar natürliche Gegenstände erweisen sich als in bestimmte Arbeitsgegenstände des sozialen Lebens eingebettet, als gesellschaftlich vermenschlichter Natur. Der Mensch ist Träger dieser sozialen Weisen des Gegenstandsgebrauchs. So trägt jeder Gegenstand eine spezifisch menschliche Existenz in sich und jede menschliche Individualität trägt eine soziale Gegenständlichkeit in sich. Man muss immer zwei Seiten der menschlichen Handlung sehen: Einerseits ist die Handlung auf die Gesellschaft/das Gemeinwesen hin orientiert, andererseits auf die spezifisch menschliche Art ihrer Realisierung. Diese Mikrostruktur der Handlung spiegelt sich in der Makrostruktur der Entwicklungsetappen wieder, wie sie D.B. El'konin beschreibt.

Diese Hypothesen der Tätigkeits-Theorie (dejatel'nost) von A.N. Leont'ev und D.B. El'konin über die Einteilung der kindlichen Entwicklung in Perioden der Herausbildung der Motivations-Bedürfnis- und der operational-technischen Sphäre der Persönlichkeit gestatten es, zwei Schwachstellen in Vygotskijs Forschungen zur systemhafen und sinnhaften Struktur des Bewusstseins zu überwinden und eine Konzeption der psychischen Struktur und Dynamik des Heranwachsens zu entwickeln.

Die dritte Schwachstelle, das Fehlen von experimentellen Belegen, wurde dank jenen Arbeiten von P.Ja. Gal'perin und seinen Nachfolgern überwunden, die sich auf eine Analyse der Piaget-Phänomene bezogen. Die Arbeiten von L.F. Obuchova und G.V. Burmenskaja zeigten, dass die experimentelle Herausbildung kindlicher Begriffe über die Bewahrung einiger Parameter physikalischer Werte tatsächlich zu einem

Umbau in solchen kognitiven Prozessen wie Gedächtnis, Vorstellung, Wahrnehmung und Sprechen führte.

So konnten durch die Arbeiten von A.N. Leont'ev, P.Ja. Gal'perin, D.B. El'konin die hauptsächlichen Schwachstellen von Vygotskijs Hypothese überwunden werden, aber dies geschah innerhalb des Ansatzes von Vygotskij. Und nun kann Vygotskijs Theorie nicht mehr getrennt von diesen Arbeiten betrachtet werden.

Die nächste, sehr wichtige Idee L.S. Vygotskijs entwickelte die Konzeption des psychologischen Alters des Kindes als Analyse-Einheit (aber nicht als Element!) der kindlichen Entwicklung und zeigte ihre Struktur und Dynamik auf. Er schuf die Grundstrukturen einer Kinderpsychologie (Psychologie der Altersstufen), in deren Rahmen ein systematischer Zugang zur Untersuchung der kindlichen Entwicklung realisiert wurde. Das Studium des psychologischen Alters erlaubt es, dicht an das Verständnis von Entwicklungsaufgaben zu gelangen und dabei biologistische und umwelttheoretische Reduktionismen zu vermeiden. Die Erfassung der Struktur des psychologischen Alters besteht in der Beschreibung der

- sozialen Entwicklungssituation,
- des führenden Typs der Tätigkeit,
- der zentralen psychologischen Neubildung der jeweiligen Altersstufe.

Die soziale Entwicklungssituation des Kindes ist ein für das jeweilige Alter spezifisches System der Wechselbeziehungen zwischen Kind und Erwachsenem. Für jedes psychologische Alter beinhaltet dieses System einen Widerspruch. Der Widerspruch liegt darin, die Entwicklungsaufgabe in dem für dieses Alter führenden Typ der Tätigkeit zu lösen. Die Lösung des Widerspruchs enthüllt sich im Auftreten zentraler psychologischer Neubildungen der jeweiligen Altersstufe. Diese Neubildungen korrespondieren nicht mit der alten sozialen Entwicklungssituation, sie befinden sich jenseits ihres Horizonts. Ein neuer Widerspruch bildet sich und daher tritt eine neue Entwicklungsaufgabe auf. Diese Aufgabe kann durch ein neues System von Beziehungen, eine neue soziale Entwicklungssituation gelöst werden, welche den Übergang des Kindes zu einem neuen psychologischen Alter aufzeigt.

So beinhaltet z.B. die soziale Entwicklungssituation des Säuglingsalters die Situation der unauflösbaren Einheit von Kind und Erwachsenem, die soziale Situation des »Wir« in sich selbst folgenden Widerspruch: das Kind benötigt den Erwachsenen in maximalem Umfang, gleichzeitig verfügt es aber über keine spezifischen Mittel, ihn zu beeinflussen. Dieser Widerspruch repräsentiert die Entwicklungsaufgabe, die während der gesamten Periode des Säuglingsalters in einem bestimmten, für dieses Alter genau angemessenen Typ der Tätigkeit gelöst wird in der unvermittelt-emotionalen Kommunikation von Kind und Mutter. Ursprünglich baut sich diese Kommunikation auf der Basis von mimischen Mitteln auf (Schreien, Lachen) und gegen Ende der Altersstufe wird sie über des Wort vermittelt, das eine gegenständliche Beziehung besitzt. Das Auftreten neuer Worte, das und die Entwicklung der gegenständlichen Handlungen bringen die Notwendigkeit eines Wandels der sozialen Entwicklungssituation des Kindes hervor. Mit dem Ende der Altersstufe bricht die Situation der vollständigen Verschmelzung (»Wir«) von innen heraus auseinander: dort wo die Einheit bestand, erscheinen zwei Personen: Kind und Erwachsener. Zwischen beiden treten die neuen Inhalte der Tätigkeit auf.

Im frühen Alter besteht die folgende soziale Entwicklungssituation: »Kind – Gegenstand – Erwachsener«. Anfangs wird das Kind völlig von dem Objekt vereinnahmt. Kurt Lewin sprach davon, dass das Objekt in der frühen Kindheit einen Fetisch darstellt. Hinter dem Gegenstand sieht das Kind noch nicht den erwachsenen Menschen, trotzdem kann es ohne Erwachsenen nicht die menschlichen Werkzeuge des Gegenstandsgebrauchs meistern. Die soziale Situation der gemeinsamen Aktivität von Kind und Erwachsenem beinhaltet erneut in sich selbst einen Widerspruch. In dieser Situation hängt die Art der Handlung vom Erwachsenen ab und das Kind selbst muss in individuellen Handlungen Aufgaben vollbringen. Dieser Widerspruch löst sich in einem neuen Typ der Aktivität, der in der frühen Kindheit entsteht. Es ist die werkzeuggebrauchende-gegenständliche Tätigkeit, jene Tätigkeit, welche der Bewältigung von sozial geschaffenen Wegen des Gegenstandsgebrauchs folgt. Im Prozess der Entwicklung der gegenständlichen Handlungen ereignet sich die Trennung der Handlung vom Objekt und der Vergleich der eigenen Handlung mit der des Erwachsenen, und sobald das Kind sich in einer anderen Person sehen kann, kann es sich selbst sehen – das Phänomen von »Ich selbst« taucht auf. Sein Auftreten bewirkt den völligen Kollaps der sozialen Situation, der in der Krise der Dreijährigen erscheint.

Diese Krise repräsentiert den Bruch von Beziehungen, die zwischen Kind und Erwachsenen bis zum Alter von drei Jahren existierten. Gegen Ende der frühen Kindheit tritt die Tendenz zur unabhängigen Tätigkeit auf. Sie zeigt, dass Erwachsene für das Kind nicht mehr durch den Gegenstand und die Art der Handlung mit ihm abgetrennt sind. Erstmalig eröffnen sie ihm gegenüber, indem sie als deren Träger auftreten, Handlungs- und Beziehungsmodelle in sozialen Umgebungen. Die Welt des kindlichen Lebens wandelt sich von der durch Gegenstände begrenzten Welt in die Welt von Erwachsenen. Auf diese Weise entstehen die Vorbedingungen für die Schöpfung einer neuen Entwicklungssituation, die erneut in sich einen Widerspruch trägt. Es tritt eine neue Entwicklungsaufgabe auf, die in den Grenzen gelöst werden muss, welche die neue psychologische Altersstufe hervorbringt.

So erlaubt es uns die Konzeption von L.S. Vygotskij, weiterentwickelt in den Werken seiner Nachfolger (A.N. Leont'ev, D.B. El'konin, V.V. Davydov u.a.) den spezifischen Inhalt der Entwicklungsaufgaben für jede Altersstufe zu verstehen, die Gründe ihres Auftretens und die Wege ihrer Lösung.

Vygotskij wählte die Psychologie des Bewusstseins als Gebiet seiner Forschungen. Er schrieb, dass die Theorie einer neuen Psychologie nicht errichtet werden könne, bis sie sich dem Problem des Bewusstseins furchtlos und klar gestellt habe und bis es objektiv durch das Experiment gelöst sei. Es ist bekannt, dass drei Sphären der menschlichen Existenz – Gefühle, Intellekt und Verhalten – durch die wichtigsten psychologischen Konzeptionen untersucht werden: Psychoanalyse, Theorie des Intellekts und Behaviorismus. Vygotskij benannte die Psychologie des Bewusstseins als wichtigste und kontrastierte sie (als »Höhen«-Psychologie*) mit den drei anderen. Dieser Zusammenhang soll durch Abbildung 3 verdeutlicht werden.

Diese drei Hauptkonzeptionen entwickelten sich unabhängig voneinander. Heute kann jeder neue Forschungsansatz in der Kinderpsychologie einer der drei zugeordnet werden. Vygotskijs Konzept jedoch bezog sich auf alle drei Sphären menschlicher Existenz.

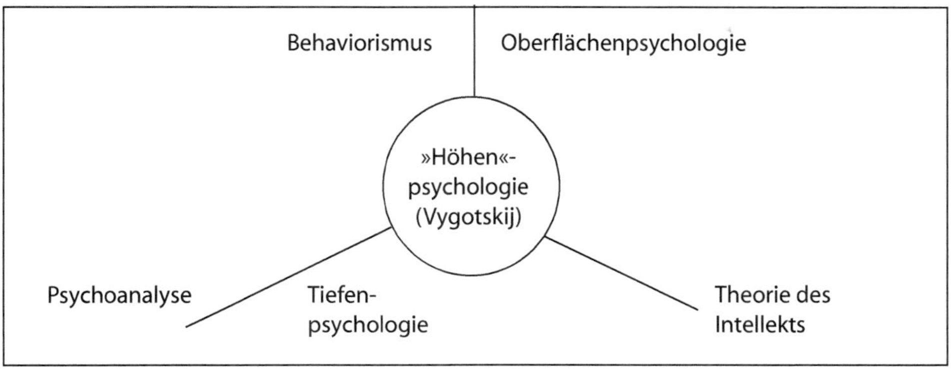

Abb. 3: Vygotskijs Konzept der Psychologie

* Zu Vygotskijs Begriff der »Höhen«-Psychologie vgl. u.a. A.A. Leont'ev (1992).

Literaturverzeichnis

Literaturangaben der Autorin

Bošovič, L.I.: Ličnost' i ee formirovanie v detskom vosraste. Moskva 1968 (dt.: Boshowitsch, I.L.: Die Persönlichkeit und ihre Entwicklung im Schulalter. Berlin/DDR 1970

Burmenskaja, G.V.: Ponjatic invariantnosti količestva kak pokazatel' umastvennogo rastvitija rebenka. Voprosy psicilogii, 1978, N°. 6

Vygotskij, L.S.: Osnovy pedologiil lekcii, 2 MGMI. Moskva 1934

Vygotskij, L.S.: Izbrannye psicholičeskie issledovanija. Moskva 1956

Vygotskij, L.S. Sobr. Coč. T. 1. Moskva 1982

Vygotskij, L.S. Sobr. Coč. T. 3. Moskva 1983

Vygotskij, L.S. Sobr. Coč?. T. 4. Moskva 1984

Gal'perin, P.Ja.: Metod »srezov« i metod noetapnogo formirovanija v issledovanija detskogo myãlenija. Voprosy psicologii, 1966 N°. 4

Gal'perin, P.Ja.: K issledovnija intellektual'nogo rasvitija rebenka. Voprosy pscicologii, 1989, N°. 1 (dt. in Zeitschrift: Sowjetwissenschaft: Gesellschaftswissenschaftliche Beiträge 22, 1969, 1270–1283)

Gal'perin, P.Ja.: Methody obučenija i umstvennoe rasvitie rebenka. Moskva 1985

Davydov, V.V.: Značenie tvorčestva L.S. Vygotskogo dlja sovremennoi psicologii. Sovetskja pedagogika 1982, N°. 6

Davydov, V.V.: Problemy rasvivajušeja obuščenija. Moskva 1988

Zaporožec, A.V. Izbrannye pcicologičeskie proizvedenija, v 2 t.. Moskva 1986

Leont'ev, A.N.: Problemy rasvitija psiciki. Moskva 1959 (dt.: Probleme der Entwicklung des Psychischen. Frankfurt/M. 1973)

Lisina, M.I.: Problemy ontogeneza obščenija. Moskva 1986

Marx, K.: Ekonomičeskogo-filosofskie rukopisi 1844 goda. Marx, K. i Engels, F.: Iz rannich proizvedenii. Moskva 1956 (dt.: Marx 1980)

Obuchova, L.F.: Etapy rasvitija detskogo myãlenija. Moskva 1972

Obuchova, L.F.: Koncepcija Ž. Piaže: za i protiv. Moskva 1981

Novoselova, S.L.: Rasvitie myšlenija v rannem vozraste. Moskva 1968

El'konin, D.B.: Izbrannye psicologičeskie trudy. Moskva 1989

Literaturangaben des Übersetzers

El'konin, D.B.: Zum Problem der Periodisierung der psychischen Entwicklung im Kindesalter. In: Psychologische Probleme der Entwicklung sozialistischer Persönlichkeiten. Berlin/DDR 1972, 212–229

Leont'ev, A.A.: Ecce Homo. Methodological Problems of Activity-theoretical Approach. Activity Theory 11/12 (1992) 41–45

Marx, K.: Philosophisch-ökonomische Manuskripte aus dem Jahre 1844. MEW Erg. Bd.1, Berlin/DDR 1980, 465–485

Petrovskij, A.V.: Die Entwicklung der Persönlichkeit und das Problem der führenden Tätigkeit. Sowjetwissenschaft: Gesellschaftswissenschaftliche Beiträge 41 (1988) 1, 96–105

Thyssen, S.: Play and Learning. Activity Theory 11/12 (1992) 24–27

Venger, A.L. u.a.: Probleme der Kinderpsychologie im Schaffen D.B. El'konins. Sowjetwissenschaft: Gesellschaftswissenschaftliche Beiträge 42 (1989) 5, 546–556

Vygotskij, L.S.: Das Problem der Altersstufen. In: ders.: Ausgewählte Werke, Bd. 2. Pahl-Rugenstein, Köln 1987, S. 53–90.

Vygotskij, L.S.: Denken und Sprechen.

Christel Manske bei Lehmanns Media

Das Down-Syndrom | Begabte Kinder im Unterricht

192 Seiten, 238 fbg. Abb., 16,5 x 24 cm, Broschur
978-3-86541-443-4
Berlin 2011

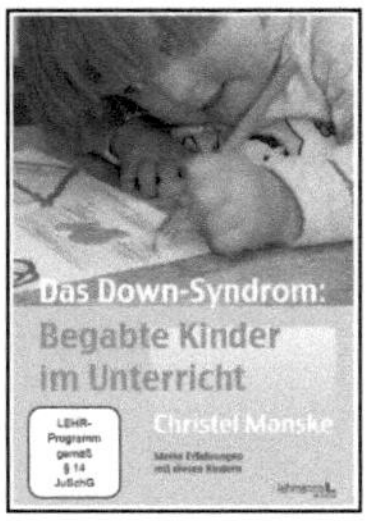

Das Down-Syndrom | Begabte Kinder im Unterricht

Film DVD, 90 min. Laufzeit, 4:3, in DVD-Box
ISBN: 978-3-86541-447-2
Berlin 2012

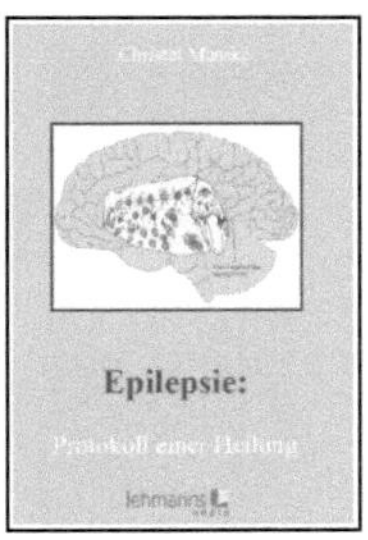

Epilepsie | Protokoll einer Heilung

128 Seiten, 16,5 x 24 cm, Broschur
ISBN 978-3-86541-510-3
Berlin 2013

Inklusives Lesenlernen | für Kinder ab drei mit Down-Syndrom, für Leseratten und Legastheniker

148 Seiten, 16,5 x 24 cm, Broschur
ISBN 978-3-86541-468-7
Berlin 2013

Jenseits von PISA | Lernen als Entdeckungsreise

270 Seiten, 250 meist fbg. Abb., 15 x 24 cm, Broschur
ISBN 978-3-86541-436-6
Berlin 2011

mehr dazu unter http://www.lehmanns.de

lehmanns media

ICHS

International Cultural-historical Human Sciences
Herausgegeben von: Hartmut Giest und Georg Rückriem

Bisher erschienen

Reihe ICHS – Theorie

Band 1: Aleksej N. Leont'ev: Frühschriften. Hrsg. von Georg Rückriem. Berlin 2001.

Band 2: Erkennen und Handeln: Momente einer kulturhistorischen (Behinderten-) Pädagogik und Therapie. Hrsg. von Georg Feuser und Ernst Berger. Berlin 2002.

Band 3: Ulrike Burrmann: Vygotskij und Piaget – eine notwendige Verbindung für die Gestaltung effektiver Unterrichtsprogramme. Berlin 2002.

Band 4: Aleksandr R. Lurija: Kulturhistorische Humanwissenschaft. Ausgewählte Schriften. Hrsg. von Wolfgang Jantzen, Berlin 2002.

Band 5.1: Lev Vygotskij: Ausgewählte Schriften, Bd. 1. Arbeiten zu theoretischen und methodologischen Problemen der Psychologie. Hrsg. von Joachim Lompscher. Nachdruck. Berlin 2003.

Band 5.2: Lev Vygotskij: Ausgewählte Schriften, Bd. 2. Arbeiten zur Entwicklung der Persönlichkeit. Hrsg. von Joachim Lompscher. Nachdruck. Berlin 2003.

Band 6: Wolfgang Jantzen und Birger Siebert (Hrsg.): Ein Diamant schleift den anderen. Eval'd Vasil'evič Il'enkov und die Tätigkeitstheorie. Berlin 2003.

Band 7: Joachim Lompscher: Lernkultur und Kompetenzentwicklung aus kulturhistorischer Sicht – Lernen Erwachsener im Arbeitsprozess. Berlin 2004.

Band 8: Wolfgang Jantzen (Hrsg.): Die Schule Gal'perins – Tätigkeitstheoretische Beiträge zum Begrifferwerb im Vor- und Grundschulalter. Berlin 2004.

Band 9: Wolfgang Jantzen (Hrsg.): Gehirn, Geschichte und Gesellschaft – Die Neuropsychologie Alexandr R. Lurijas (1902-1977). Berlin 2004.

Band 10: Georg A. Litsche: Theoretische Anthropologie - Grundzüge der theoretischen Rekonstruktion der menschlichen Seinsweise. Berlin 2004.

Band 11: Marie Cécile Bertau (Ed.): Aspects of the Dialogical Self - Extended proceedings of a symposium on the Second International Conference on the Dialogical Self (Ghent, Oct. 2002), including psycholinguistical, conversational, and educational contributions. Berlin 2004.

Band 12: Yrjö Engeström: Developmental Work Research - Expanding Activity Theorie In Practice. Berlin 2005.

Band 13: Yrjö Engeström; Georg Rückriem; Joachim Lompscher (Eds.): Putting Activity Theory to Work – Contributions from Developmental Work. Berlin 2005.

Band 14: W.-M. Roth; S.W. Hwang; Y.J. Lee; M.I.M. Goulart: Participation, Learning, and Identity – Dialectical Perspectives. Berlin 2005.

Band 15: Hartmut Giest; Joachim Lompscher: Lerntätigkeit – Lernen aus kultur-historischer Perspektive – Ein Beitrag zur Entwicklung einer neuen Lernkultur im Unterricht. Berlin 2006.

Band 16: Georg Rückriem (Hrsg.): Aleksej N. Leont'ev – Frühe Schriften Band II. Berlin 2006.

Band 17: Hartmut Giest (Hrsg.): Erinnerungen für die Zukunft - Pädagogische Psychologie in der DDR Tagungsband des Symposiums zum Andenken an Joachim Lompscher am 31. Aug. 2005 in Berlin. Berlin 2006.

Band 18: Birger Siebert: Begriffliches Lernen und entwickelnder Unterricht – Grundzüge einer kulturhistorischen Didaktik für den integrativen Unterricht. Berlin 2006.

Band 19: Joachim Lompscher: Tätigkeit Lerntätigkeit Lehrtätigkeit – Die Theorie der Lerntätigkeit und ihre empirische Erforschung. Redaktionell bearbeitet und herausgegeben von Hartmut Giest und Georg Rückriem. Berlin 2006.

Band 20: Wolfgang Jantzen: Allgemeine Behindertenpädagogik – Teil 1: Sozialwissenschaftliche und psychologische Grundlagen; Teil 2: Neurowissenschaftliche Grundlagen, Diagnostik, Pädagogik und Therapie. Berlin 2007.

Band 21: Georg Rückriem (Hrsg.): L. S. Vygotskij – Briefe/Correspondence. Berlin 2007.

Band 22: Wolfgang Jantzen: Kulturhistorische Psychologie heute – Methodologische Erkundungen zu L. S. Vygotskij. Berlin 2008.

Band 23: Katja Manski: Lernen im Medienumbruch – Ein Beitrag zur Integration von Lernen und Arbeiten am Beispiel der Arbeitsprozessorientierten Weiterbildung in der IT-Branche (APO-IT). Berlin 2008.

Band 24: Bernd Fichtner: Lernen und Lerntätigkeit – Ontogenetische, phylogenetische und epistemologische Studien. Berlin 2008.

Band 25: Yrjö Engeström: Entwickelnde Arbeitsforschung. Die Tätigkeitstheorie in der Praxis. Übersetzt und herausgegeben von Lisa Rosa. Berlin 2008.

Band 26: Wolf Michael Roth; Yew Jin Lee; Leanna Boyer: The Eternal Return – Reproduction and Change in Complex Activity Systems. The Case of Salmon Enhancement. Berlin 2008.

Band 27: Michael Herschelmann: „Boys-Talk" – Eine explorative Untersuchung zur narrativ-biographischen (Re) Konstruktion sozialer (selbst-reflexiver) Geschlechtsidentität. Berlin 2009.

Band 28: Georg Rückriem: Erik Grigo'evič Judin – Systemansatz und Tätigkeitsprinzip. Methodologische Probleme der modernen Wissenschaft. Berlin 2009.

Band 29: Raijo Miettinen: Dialogue and Creativity – Activity Theory in the Study of Science, Technology and Innovations. Berlin 2009.

Band 30: Michalis Kontopodis (Ed.): Culture and Emerging Educational Challenges. A Dialogue with Brazil / Latin America. Berlin 2009.

Band 31: Kristine Baldauf-Bergmann: Lernen im Lebenszusammenhang. Der Beitrag der subjektwissenschaftlichen Arbeiten Klaus Holzkamps zu einer pädagogischen Theorie des lebensbegleitenden Lernens. Berlin 2009.

Band 32: Hartmut Giest / Georg Rückriem: Tätigkeitstheorie und (Wissens-) Gesellschaft. Fragen und Antworten tätigkeitstheoretischer Forschung und Praxis. Berlin 2010.

Band 33: Dimitris Papadopoulos: L. S. Wygotski. Werk und Rezeption. Zweite Auflage. Berlin 2010.

Band 34: Daniil Borisovič Ėl'konin: Psychologie des Spiels. Hrsg.: Birger Siebert und Georg Rückriem. Berlin 2010.

Band 35: Georg Rückriem (Hrsg.): L.S. Vygotskij. Vorlesungen über Psychologie. Berlin 2011.

Band 36: Falk Seeger (Hrsg.): Yrjö Engeström. Lernen durch Expansion. 2. stark erweiterte Auflage. Berlin 2011.

Band 37: Marie-Cécile Bertau: Anreden, Erwidern, Verstehen. Elemente einer Psycholinguistik der Alterität. Berlin 2011.

Band 38: Anke Werani: Inneres Sprechen – Ergebnisse einer Indiziensuche. Berlin 2012.

Band 39: Wolfgang Jantzen: Kulturhistorische Didaktik. Rezeption und Weiterentwicklung in Europa und Lateinamerika. Berlin 2012.

Band 40: A. N. Leont'ev. Tätigkeit – Bewusstsein – Persönlichkeit. Neu übersetzt von E. Hoffmann und hrsg. von Georg Rückriem. Berlin 2012

Band 41 Wolfgang Jantzen. Am Anfang war der Sinn. Zur Naturgeschichte, Psychologie und Philosophie von Tätigkeit, Sinn und Dialog. Berlin 2012.

Band 42 Silke Geithner. Arbeits- und Lerntätigkeit in Industrieunternehmen. Fallstudien aus Perspektive der kultur-historischen Tätigkeitstheorie. Berlin 2012.

Reihe ICHS - Praxis

Band 1	Christel Manske: Das Down-Syndrom – Begabte Kinder im Unterricht. Meine Erfahrungen mit diesen Kindern. Berlin 2011. Dazu erhältlich: Film-DVD als Begleit-DVD zum Buch "Das Down-Syndrom". Spieldauer 90 min. Berlin 2012.
Band 2	Wolfgang Jantzen, Willehad Lanwer: Diagnostik als Rehistorisierung. Methodologie und Praxis einer verstehenden Diagnostik am Beispiel schwer behinderter MenschenDiagnostik als Rehistorisierung. Berlin. 2011.
Band 3	Reimer Kornmann, Brigitte Ramisch-Kornmann: Lernen im Abseits. Erfahrungen mit Handelndem Unterricht in der Sonderschule für Lernbehinderte. 2. Auflage der Originalausgabe von 1984. Berlin 2012.
Band 4	Christel Manske: Inklusives Lesenlernen für Kinder ab drei – mit Down-Syndrom, für Leseratten und Legastheniker. Berlin 2013.
Band 5	Christel Manske: Epilepsie: Protokoll einer Heilung. Berlin 2013.
ohne Bandzählung	Christel Manske: Jenseits von Pisa. Lernen als Entdeckungsreise-Hamburg 2008.